처음 예수님을 인격적으로 알게 하시고 나를 이끌어주신 영적인
아버지 고(故) 박태린 목사님에게 이 책을 드립니다. 그 분의 삶을
통해 욥기를 이해하게 되었기 때문입니다.

욥기,

아픈것과
행복한것의
동행

하정완 목사와 성경읽기 01

욥기, 아픔과 행복한 길의 동행

지은이 · 하정완
펴낸이 · 이충석
꾸민이 · 성상건
편집디자인 · 자연DPS

펴낸날 · 2015년 2월 7일
펴낸곳 · 도서출판 나눔사
주소 · (우) 122-080 서울특별시 은평구 은평터널로7가길
     20. 303(신사동 삼익빌라)
전화 · 02)359-3429   팩스 02)355-3429
등록번호 · 2-489호(1988년 2월 16일)
이메일 · nanumsa@hanmail.net

ⓒ 하정완, 2015

ISBN 978-89-7027-162-0-03230

값 8,000원
잘못된 책은 바꾸어 드립니다.

하정완 목사와 성경읽기 01

욥기,
아픈 것과
행복한 것의
동행

하정완 | 지음

나눔사

성경을 읽어야 사람은 살 수 있다

"태초에 하나님이 천지를 창조하시니라"(창1:1)

하나님이 세상을 창조하셨다, 만드셨습니다. 여기서 잊지 말아야 할 것은 창조 이전의 모습입니다. 창세기는 이렇게 기록하였습니다.

"땅이 혼돈하고 공허하며 흑암이 깊음 위에 있고 하나님의 영은
수면 위에 운행하시니라"(창1:2)

하나님이 창조하시기 전 세상의 진실은 상상할 수 없는 혼란이었고, 어둠이었고, 절망이었습니다. 아무 것도 없었던 완벽한 카오스였습니다. 이 모습이 세상이었습니다.

그런데 우리도 이 세상의 일부였습니다. 창세기 2장에 나오는 하나님이 사람을 창조하시는 장면에서 우리의 근거가 기술되는 것을 알 수 있습니다.

"여호와 하나님이 땅의 흙으로 사람을 지으시고"(창2:7)

여기에서 '흙'이라는 말로 사용된 히브리어 '아파르'는, 단순한 흙이 아니라 '찌꺼기 더미'라는 뜻입니다. 그것이 혼돈과 공허한 것의 내용입니다. 우리의 본질적인 모습입니다.

'세상의 본질, 사람의 근거는 허무와 혼돈, 무지와 사악 그리고 무질서, 결핍과 공허였다.' 이것이 창세기가 말하고 있는 이 세상과 사람의 뿌리입니다. 한마디로 말해서 'nothing' 아무 것도 아니었습니다. 그런데 그 같은 허무와 공허에서 하나님이 창조하신 것입니다. 이 창조의 핵심은 말씀이었습니다.

"하나님이 이르시되 빛이 있으라 하시니 빛이 있었고... 그대로 되니라"(창1:3,7)

"빛이 있으라 하시니 빛이 있었다." 세상이 바뀐 것입니다. 혼돈과 어두움이 밝혀진 것입니다. 그러나 중요한 것은 빛이 생긴 것이 아니라, 빛의 원인이 바로 하나님이 말씀하신 것에서 시작되었다는 것입니다. 하나님이 혼돈과 무질서한 세상에 말씀으로 질서를 두신 것입니다. 이 아름다운 창조를 요한복음은 이렇게 기록하였습니다.

"태초에 말씀이 계시니라 이 말씀이 하나님과 함께 계셨으니 이 말씀은 곧 하나님이시니라 그가 태초에 하나님과 함께 계셨고 만물이 그로 말미암아 지은 바 되었으니 지은 것이 하나도 그가 없이는 된 것이 없느니라"(요1:1~3)

창조의 핵심은 말씀이었습니다. 말씀으로 세상을 창조하신 것입니다. 말씀, 곧 성경이 중요한 이유입니다. 우리가 성경을 읽어야 하는 이유입니다. 말씀하는 순간 세상은 공허에서 질서가 잡혔고, 혼돈에서 소망이 생겼고, 죽음에서 생명이 드러났기 때문입니다. 그것이 창세기 1장이 말하고 있는 내용입니다.

"하나님이 이르시되 빛이 있으라 하시니 빛이 있었고"(창1:3)

그러므로 크리스천은 무조건 하나님의 말씀, 곧 성경으로 살아야 합니다. 더욱이 우리의 본질은 혼돈과 공허함이었기 때문입니다. 오로지 성경만이 우리를 다시 새롭게 빚으시고 창조하실 것이기 때문입니다. 성경을 읽어야 사람이 살 수 있는 결정적인 이유입니다. 성경 없이 우리가 살 길은 없기 때문입니다.

성경 66권 전부를 읽고 묵상하는 것은 모든 크리스천의 로망입니다. '하정완 목사와 성경 읽기' 시리즈는 그 같은 로망에 대한 개인적인 응답이자 한국 교회와 함께 하고 싶은 열망이기도 합니다.

이 근사한 성경 읽기를 할 수 있었던 것은 꿈이 있는 교회라는 토양 때문입니다. 그래서 꿈이 있는 교회와 STAFF들 특히 원고를 정리해준 김유빈 전도사와 교인들에게 감사를 드리며, 동시에 이 같은 출간을 흔쾌히 받아주신 나눔사 성상건 장로님과 직원들에게도 감사를 드립니다. 그러나 무엇보다 나의 신앙의 큰 지원자인 아내 서은희와 나의 주 하나님께 감사를 드립니다.

성서 한국을 꿈꾸며
하정완 목사

하정완 목사와 성경 읽기

책 사용 가이드

'하정완 목사와 성경 읽기' 시리즈는 성경을 읽되 가능한 깊이 묵상하며 읽는 것을 돕기 위하여 만들어졌습니다. 단순 통독이 아니라 깊은 묵상을 할 수 있도록 준비하였습니다.

1. 가능한 성경 본문을 읽고 생각하십시오.

가장 좋은 방법입니다. 제시된 성경 본문을 먼저 읽는 것입니다. 그리고 자신에게 주신 단어 혹은 구절에 대한 느낌을 꼭 적으시기 바랍니다.

2. 성경을 읽지 않아도 묵상할 수 있게 배려했습니다.

매우 성경 중심으로 글을 썼기 때문입니다. 비록 성경을 읽지 못한 상태로 읽어가도 충분히 이해할 수 있도록 성경을 인용하였습니다.

3. 묵상일기를 남기십시오.

반드시 글을 읽고 난 후에 '묵상' 란에 오늘 말씀을 통하여 깨닫게 된 것을 한 줄이라도 남기셔야 합니다. 일종의 묵상일기입니다.

4. 전체를 이어서 읽어도 됩니다.

매일 한 개씩 읽으면서 진행해도 되지만 전체를 이어 읽으면서 성경을 묵상하는 것도 좋은 방법입니다.

'성경 66권을 묵상하면서 읽다!'

이것이 목표입니다.

: : 차 례 : :

제1부

서론 : 하나님의 시험

온전한 욥

가능하면 오늘의 본문을 먼저 읽는 것이 좋지만 바로 아래 글을 읽어도 좋습니다. 충분히 본문을 이해하도록 배려하며 글을 썼습니다. 혹시 본문을 읽으신 분은 감동이 오는 말씀이나 단어 혹은 느낌을 간단히 적으시면 좋습니다.

"우스 땅에 욥이라 불리는 사람이 있었는데 그 사람은 온전하고
정직하여 하나님을 경외하며 악에서 떠난 자더라"(욥1:1)

"온전하다" 이토록 강력하게 한 사람을 "온전하다"라고 표현하는 것은 매우 의미가 있습니다. 대부분이 온전하지 못할 뿐 아니라 성경에서 사람을 향하여 "온전하다"는 표현은 지극히 드문 표현이기 때문입니다.

더욱이 욥의 온전함이 더 놀라운 것은 그가 부자였기 때문입니다. 그 부요함의 크기는 엄청난 것이었습니다.

"그의 소유물은 양이 칠천 마리요 낙타가 삼천 마리요 소가 오백
겨리요 암나귀가 오백 마리이며 종도 많이 있었으니 이 사람은
동방 사람 중에 가장 훌륭한 자라"(욥1:3)

부자이면서 하나님 보시기에 온전한 사람이 된다는 것은 그가 얼마나 의인인지를 증명하는 부분입니다.

그렇다면 욥의 '온전함'이란 어디에서 오는 것이었을까요? 그것의 단초를 찾을 수 있는 것이 뒤에 이어지는 이야기입니다. 집에서 욥의 생일날 누이 세 명과 함께 온 가족이 잔치를 열었는데, 아침에 욥은 가족 모두를 위한 성결례로 번제를 드립니다.

> "그들이 차례대로 잔치를 끝내면 욥이 그들을 불러다가 성결하
> 게 하되 아침에 일어나서 그들의 명수대로 번제를 드렸으니 이는
> 욥이 말하기를 혹시 내 아들들이 죄를 범하여 마음으로 하나님을
> 욕되게 하였을까 함이라 욥의 행위가 항상 이러하였더라"(욥1:5)

과도한 처신으로 볼 수 있지만 이 이야기의 핵심은 욥이 하나님을 대하는 태도에 관한 것입니다. 욥은 늘 하나님을 의식한 것입니다. 자신이 걸어왔던 모든 걸음을 다시 돌아보고 하나님 앞에 정결하고자 최선을 다한 것입니다. 더욱이 그 같은 삶이 언제나 같았습니다. 바로 이것이 욥을 하나님이 인정하신 이유였던 것입니다.

> "욥의 행위가 항상 이러하였더라"(욥1:5)

'자신을 욥과 한번 비교해보십시오. 나의 온전함은 어느 정도라고 할 수 있습니까?'

* Meditatio 묵상
오늘 말씀을 통하여 깨닫게 된 것을 짧게 적어보십시오.

어찌 까닭 없이

* Lexio 읽기 / 욥기 1:6-12
가능하면 오늘의 본문을 먼저 읽는 것이 좋지만 바로 아래 글을 읽어도 좋습니다. 충분히 본문을 이해하도록 배려하며 글을 썼습니다. 혹시 본문을 읽으신 분은 감동이 오는 말씀이나 단어 혹은 느낌을 간단히 적으시면 좋습니다.

> "하루는 하나님의 아들들이 와서 여호와 앞에 섰고 사탄도 그들
> 가운데에 온지라"(욥1:6)

세상 여기저기를 돌아다니던 사탄이 하나님 앞에 섰을 때였습니다. 하나님은 욥을 잔뜩 칭찬하였습니다.

> "네가 내 종 욥을 주의하여 보았느냐 그와 같이 온전하고 정직하
> 여 하나님을 경외하며 악에서 떠난 자는 세상에 없느니라"(욥1:8)

이 같은 하나님의 욥에 대한 확신은 사탄의 대답으로 불투명해집니다. 정말 기막힌 질문이었습니다.

> "사탄이 여호와께 대답하여 이르되 욥이 어찌 까닭 없이 하나님
> 을 경외하리이까"(욥1:9)

사탄이 문제 삼은 것은 욥의 드러난 모습에 대한 것이 아니었습니다.

사탄은 욥의 동기를 의심한 것입니다. 당연히 시험해야만 객관적으로 증명할 수 있는 것이었습니다.

드디어 치명적인 주장을 사탄이 던졌습니다. 욥이 하나님 앞에 온전한 이유는 하나님이 욥에게 주신 축복 때문이라는 매우 그럴듯한 의심이었습니다. 사탄은 이어 욥에게 주어진 축복들을 거두면 하나님을 욕할 것이라고 주장합니다. 사탄의 주장은 매우 당당하였습니다. 이는 치명적인 시험이었습니다.

> "이제 주의 손을 펴서 그의 모든 소유물을 치소서 그리하시면 틀
> 림없이 주를 향하여 욕하지 않겠나이까"(욥1:11)

이 같은 사탄의 자신감은 그동안 세상을 두루 다니며 흔하게 봤던 크리스천의 모습 때문일지도 모릅니다. 실제로 우리의 신앙이 대부분 그렇습니다. 우리의 신앙은 세속적인 성공과 축복, 영광을 구하는 것에 초점이 맞춰진 것이 사실입니다. 이런 점에서 볼 때 자신의 신앙은 어떤 모습인지 먼저 살펴보시기 바랍니다.

'이 놀라운 신뢰와 확신을 보이시는 하나님 앞에서 하나님의 확신이 옳다는 것을 증명할만한 자신이 있습니까?'

* Meditatio 묵상
오늘 말씀을 통하여 깨닫게 된 것을 짧게 적어보십시오.

그의 말이 채 끝나기도 전에

* Lexio 읽기 / 욥기 1:13-19

가능하면 오늘의 본문을 먼저 읽는 것이 좋지만 바로 아래 글을 읽어도 좋습니다. 충분히 본문을 이해하도록 배려하며 글을 썼습니다. 혹시 본문을 읽으신 분은 감동이 오는 말씀이나 단어 혹은 느낌을 간단히 적으시면 좋습니다.

> "여호와께서 사탄에게 이르시되 내가 그의 소유물을 다 네 손에
> 맡기노라 다만 그의 몸에는 네 손을 대지 말지니라 사탄이 곧 여
> 호와 앞에서 물러가니라"(욥1:12)

분명히 사탄의 의심은 하나님을 시험하고 도전하는 것이었습니다. 그만큼 사탄은 자신이 있었던 것입니다. 그런데 이 말도 안 되는 도전을 하나님이 받아들이신 것입니다. 물론 하나님이 제한을 두었습니다.

> "다만 그의 몸에는 네 손을 대지 말지니라"(욥1:12)

사탄은 마음대로 할 수 없었습니다. 사탄의 행위는 하나님의 통제 아래 있었습니다. 간혹 하나님과 사탄의 구도를 영적전쟁 구도로 몰아가는 이들이 있는데 잘못된 것입니다. 사탄은 제한되기 때문입니다.

드디어 사탄의 시험이 시작되었습니다. 그것은 재앙의 연속이었습니다. 스바 사람이 나귀들을 빼앗고 종을 죽였고, 갑자기 하늘에서 불이

내려와 양과 종을 사르기도 하였습니다. 그리고 갈대아 사람들이 세 떼로 몰려와 약대를 빼앗고 종을 죽였습니다. 그것만이 아니었습니다. 욥의 자녀들에게도 재앙이 임하였습니다.

> "그의 말이 채 끝나기도 전에 또 한 사람이 와서 고하였다. 주인님의 자녀분들이 맏형님의 집에 모여서 먹고 마시는데 광야에서 모진 바람이 불어와 그 집 네 모퉁이를 쳐서 무너뜨렸습니다. 젊은이들은 모두 깔려 죽었고 저만 가까스로 살아남아서 이렇게 말씀드리러 왔습니다."(공동번역/욥1:18-19)

"그의 말이 채 끝나기도 전에"란 표현처럼 연속적인 재앙이었습니다. 하지만 욥의 반응은 기막힌 것이었습니다.

우리가 주의해야 할 것은, 하나님이 사탄의 도전을 받아들인 것을 욥에게 알려준 것이 아니라는 사실입니다. 욥의 동의와 관계없이 벌어진 일이었습니다. 물론 이 기막힌 재앙 앞에 욥은 조금도 흐트러짐이 없었습니다. 이것이 가능한 일입니까?

'이 기막힌 연속적 재앙을 만난다면 당신은 어떻게 반응하겠습니까?'

* Meditatio 묵상
오늘 말씀을 통하여 깨닫게 된 것을 짧게 적어보십시오.

하나님의 것이다

* Lexio 읽기 / 욥기 1:20—22
가능하면 오늘의 본문을 먼저 읽는 것이 좋지만 바로 아래 글을 읽어도 좋습니다. 충분히 본
문을 이해하도록 배려하며 글을 썼습니다. 혹시 본문을 읽으신 분은 감동이 오는 말씀이나
단어 혹은 느낌을 간단히 적으시면 좋습니다.

"그의 말이 채 끝나기도 전에" (공동번역/욥1:17,18)

자신의 아들까지 죽는 상황에서 욥은 우리가 생각할 수 없는 기막힌
태도를 견지하였습니다.

"욥이 일어나 겉옷을 찢고 머리털을 밀고 땅에 엎드려 예배하며"

(욥1:20)

겉옷을 찢고 머리털을 밀고 땅에 엎드리는 행위는 극한 슬픔을 표하
는 것이었습니다. 하지만 극한 슬픔도 욥의 예배를 방해하지는 못하였
습니다.

알다시피 욥이 만난 고난은 이해할 수 없는 고난이었습니다. 하지만
하나님을 예배하는 것이 멈춰진 것은 아니었습니다. 그러니까 욥의 예
배는 이 세상적인 것이거나 상황적인 것이 아니라는 것을 증명한 것입
니다. 이미 세속적 축복과 풍요가 사라진 시점이기 때문입니다.

그렇다고 해서 욥이 맹목적인 예배를 드린 것도 아니었습니다. 그의 예배는 이유가 있었습니다. 바로 하나님이었습니다. 하나님의 하나님 됨에 대한 인정이 예배의 이유였습니다.

> "땅에 엎드려 예배하며 이르되 내가 모태에서 알몸으로 나왔사온
> 즉 또한 알몸이 그리로 돌아가올지라 주신 이도 여호와시요 거두
> 신 이도 여호와시오니 여호와의 이름이 찬송을 받으실지니이다"
>
> (욥1:20-21)

견디기 힘든 고통의 이유는 '나의 것'이라는 태도 때문입니다. 그런데 욥은 '하나님의 것'이라는 인식이 분명했습니다. 이 같은 인식은 물질, 세상에 대한 태도를 분명하게 만들었습니다. 그러니 불평하거나 원망할 일이 아니었던 것입니다. 오히려 찬송하였습니다. 놀랍지만 이 사람이 욥이었습니다.

> "이 모든 일에 욥이 범죄 하지 아니하고 하나님을 향하여 원망하
> 지 아니하니라"(욥1:22)

'하나님의 것이다! 이 같은 고백이 이 놀라운 태도와 처연함을 갖게 한 것이었습니다. 그렇다면 나는 어떻게 고백합니까? '하나님의 것이 다'라고 말할 수 있습니까?

* Meditatio 묵상
오늘 말씀을 통하여 깨닫게 된 것을 짧게 적어보십시오.

그런 사람이 세상에 좀 있어야지

* Lexio 읽기 / 욥기 2:1-3
가능하면 오늘의 본문을 먼저 읽는 것이 좋지만 바로 아래 글을 읽어도 좋습니다. 충분히 본문을 이해하도록 배려하며 글을 썼습니다. 혹시 본문을 읽으신 분은 감동이 오는 말씀이나 단어 혹은 느낌을 간단히 적으시면 좋습니다.

> "이 모든 일에 욥이 범죄하지 아니하고 하나님을 향하여 원망하
> 지 아니하니라"(욥1:22)

이 같은 욥의 태도가 우리가 볼 때에 대단한 일이었던 것처럼 하나님이 보실 때에도 자랑스러운 일이었을 것입니다. 하나님은 자랑하고 싶었던 것 같습니다. 그런 까닭에 다시 세상을 돌아다니다 하나님 앞에 선 사탄에게 하나님이 말을 꺼냈습니다.

> "네가 내 종 욥을 주의하여 보았느냐 그와 같이 온전하고 정직하
> 여 하나님을 경외하며 악에서 떠난 자가 세상에 없느니라 네가
> 나를 충동하여 까닭 없이 그를 치게 하였어도 그가 여전히 자기
> 의 온전함을 굳게 지켰느니라"(욥2:3)

하나님의 이 말씀 속에서 하나님의 행복 혹은 뿌듯함이 느껴지는 것이 사실입니다. 욥은 하나님에게 그런 존재였습니다. 생각하면 자랑스럽고 행복한 사람 말입니다. 우리가 볼 때 욥은 살얼음을 걷듯이 아슬아슬한 사람이 아니라 안심할 수 있는 사람이었습니다.

이런 사람이 세상에 좀 있어야지
저 사람이 있으니 안심이 되고
저 사람이 있으니 즐거운
그런 사람이 세상에 좀 있어야지

매일 살얼음 걷듯이
조바심으로 쳐다봐야 하고
도무지 아무 것도 맡길 수 없는
그런 사람만 가득하지 않고

바람이 불어도
끄떡하지 않고 서 있는
저기 동산 같아도 흔들리지 않는
그런 사람이 세상에 좀 있어야지

우리가 믿을만하지 않아도 우리의 약한 믿음에도 구원을 허락하신 하나님이 감사하지만 지금쯤이면 우리가 믿을만한 사람이 되어야 하는 것은 당연하지 않겠습니까?

'하나님이 보실 때 나는 믿을만한 사람이라고 생각하십니까?'

* Meditatio 묵상
오늘 말씀을 통하여 깨닫게 된 것을 짧게 적어보십시오.

- -

- -

하나님은 알고 계셨다

* Lexio 읽기 / 욥기 2:4-6

가능하면 오늘의 본문을 먼저 읽는 것이 좋지만 바로 아래 글을 읽어도 좋습니다. 충분히 본문을 이해하도록 배려하며 글을 썼습니다. 혹시 본문을 읽으신 분은 감동이 오는 말씀이나 단어 혹은 느낌을 간단히 적으시면 좋습니다.

"그와 같이 온전하고 정직하여 하나님을 경외하며 악에서 떠난 자가 세상에 없느니라 네가 나를 충동하여 까닭 없이 그를 치게 하였어도 그가 여전히 자기의 온전함을 굳게 지켰느니라"(욥2:3)

엄격하게 생각해도 욥의 믿음은 대단한 것이었습니다. 하나님이 이토록 행복한 느낌을 가질만한 믿음이었습니다. 바로 그때였습니다. 사탄이 회심의 한 수를 날렸습니다.

"가죽으로 가죽을 바꾸오니 사람이 그의 모든 소유물로 자기의 생명을 바꾸올지라 이제 주의 손을 펴서 그의 뼈와 살을 치소서 그리하시면 틀림없이 주를 향하여 욕하지 않겠나이까"(욥2:4-5)

이 정도가 되면 누구든지 하나님을 향하여 원망하고 욕할 것이 뻔한 상황이었습니다. 어쩌면 하나님이 지는 것 같은 상황이 벌어진 것입니다. 그리고 아무리 생각해도 시험의 도가 지나친 상황이었습니다. 그런데 하나님은 이 같은 사탄의 도전에 속절없이 말려들어간 것처럼 반응

합니다. 물론 한 가지 제한을 두었지만 말입니다.

> "여호와께서 사탄에게 이르시되 내가 그를 네 손에 맡기노라 다
> 만 그의 생명은 해하지 말지니라"(욥2:6)

하나님이 분명 욥을 믿어서 벌어진 일이었지만 동시에 하나님이 이같은 시험을 허락한 것은 욥의 믿음이 충분히 보장할만한 수준이었기 때문입니다. 하나님은 그 사실을 알고 있었던 것입니다.

물론 분명히 욥은 자신의 목숨까지 포기할 수 있었을 것입니다. 하지만 하나님은 그 목숨을 담보로 한 시험은 허락하지 않았습니다. 하나님의 시험은 우리를 가볍게 여기는 전제에서 출발하는 것이 아니기 때문입니다.

욥의 경우는 특별하였지만 하나님은 사람을 대상으로 장난처럼 시험하시는 분이 아닐 뿐 아니라 소위 사탄에게 무한정 마음껏 행하도록 허락하시는 분도 아니기 때문입니다. 잊지 말아야 할 사실입니다.

'하나님은 우리를 존중하시고 소중하게 대하십니다. 그것을 느낄 수 있으십니까?'

* Meditatio 묵상
오늘 말씀을 통하여 깨닫게 된 것을 짧게 적어보십시오.

하나님께로부터 온 것이라면

* Lexio 읽기 / 욥기 2:7-10
가능하면 오늘의 본문을 먼저 읽는 것이 좋지만 바로 아래 글을 읽어도 좋습니다. 충분히 본문을 이해하도록 배려하며 글을 썼습니다. 혹시 본문을 읽으신 분은 감동이 오는 말씀이나 단어 혹은 느낌을 간단히 적으시면 좋습니다.

"사탄이 이에 여호와 앞에서 물러가서 욥을 쳐서 그의 발바닥에
서 정수리까지 종기가 나게 한지라"(욥2:7)

드디어 사탄이 욥을 공격하였습니다. 발바닥에서 정수리까지 나는 종기였습니다. 그것은 재앙의 극치였습니다. 그 묘사가 기가 막힐 지경입니다.

"욥이 재 가운데 앉아서 질그릇 조각을 가져다가 몸을 긁고 있더
니"(욥2:8)

욥이 어떤 사람이었는지 기억하고 계실 겁니다. 다시 한 번 그 구절을 읽어보겠습니다.

"그의 소유물은 양이 칠천 마리요 낙타가 삼천 마리요 소가 오백
겨리요 암나귀가 오백 마리이며 종도 많이 있었으니 이 사람은
동방 사람 중에 가장 훌륭한 자라"(욥1:3)
엄청나게 부요한 부자였고 존경받는 사람이었습니다. 그런데 그가

자기 몸을 덮은 종기가 간지러워 질그릇 조각으로 긁고 있는 것입니다. 그 모습을 보고 있던 아내가 한심하게 봤습니다. 이 급작스러운 재앙을 보면서 아내는 하나님을 의심하였습니다. 드디어 하나님을 저주하고 죽으라고 악담을 퍼붓습니다.

> "그의 아내가 그에게 이르되 당신이 그래도 자기의 온전함을 굳
> 게 지키느냐 하나님을 욕하고 죽으라"(욥2:9)

하지만 욥은 이상했습니다. 욥의 고백은 하나님으로부터 온 "화"라면 얼마든지 받겠다는 것이었습니다.

> "우리가 하나님께 복을 받았은즉 화도 받지 아니하겠느냐 하고
> 이 모든 일에 욥이 입술로 범죄하지 아니하니라"(욥2:10)

욥에게 있어서 중요한 것은 좋고 나쁜 것의 문제가 아니라 하나님에게서 온 것인가 아닌가 하는 문제였습니다. 비록 나쁘고 고통스럽더라도 하나님에게서 온 것이라면 받아들인다는 말은 전적인 하나님 신뢰에서 오는 신앙고백이었습니다. 정말로 완벽한 사람이었습니다.

'나쁜 것이라도 하나님으로부터 온 것이라면 받을 수 있다. 가능하다고 생각하십니까?'

* Meditatio 묵상
오늘 말씀을 통하여 깨닫게 된 것을 짧게 적어보십시오.

세 친구의 위로

* Lexio 읽기 / 욥기 2:11-13

가능하면 오늘의 본문을 먼저 읽는 것이 좋지만 바로 아래 글을 읽어도 좋습니다. 충분히 본문을 이해하도록 배려하며 글을 썼습니다. 혹시 본문을 읽으신 분은 감동이 오는 말씀이나 단어 혹은 느낌을 간단히 적으시면 좋습니다.

"우리가 하나님께 복을 받았은즉 화도 받지 아니하겠느냐 하고

이 모든 일에 욥이 입술로 범죄하지 아니하니라"(욥2:10)

고통의 현장 앞에서 의연히 이겨나가고 있는 욥에게 친구 세 사람이 찾아왔습니다. "데만 사람 엘리바스와 수아 사람 빌닷과 나아마 사람 소발"(욥2:11)이었습니다. 그들이 찾아온 것은 순전히 욥을 위로하기 위함이었습니다.

그런데 그들이 만나게 된 욥은 자신들의 상상을 초월한 모습의 고통이었습니다. 그들은 욥의 고통 앞에 어떻게 태도를 취할지 결정할 수 없었습니다.

"그의 몰골이 알아볼 수 없게 되었으므로 그들은 목을 놓아 울며

겉옷을 찢고 하늘에 먼지를 날려 머리에 뒤집어썼다. 그들은 이

렛동안 주야로 땅에 앉아 그를 바라다볼 뿐 입을 열 수조차 없었

다."(공동번역/욥2:12-13)

친구들이 볼 때 욥의 모습은 기막힌 것이었습니다. 이 상황에서 그들

이 할 수 있는 말은 존재하지 않았습니다. 무려 일주일동안이나 그 모습을 쳐다볼 뿐이었습니다.

사실 이 같은 친구들의 태도가 고통에 대한 우리의 자세여야 할 것입니다. 고통은 이미 모든 것이 터져버린 상태입니다. 그 상태를 해결할 길은 없습니다. 그런데 우리는 무엇인가 해결하려고 합니다. 무슨 이유를 끄집어내어 말하려고 합니다. 그러나 고통을 당하는 자들 앞에서 우리의 태도는 이 세 친구의 태도가 가장 적절한 것입니다. 바울이 이야기한 것처럼 말입니다.

> "즐거워하는 자들과 함께 즐거워하고 우는 자들과 함께 울라"
> (롬12:15)

욥은 그가 만난 모든 고통 앞에서 믿음을 지켰습니다. 그러나 계속된 환난과 극한의 고통 앞에서 아내는 하나님을 저주하고 죽으라는 말을 합니다. 그래도 욥은 자신을 지켰고 하나님을 원망하지 않았습니다. 그리고 그에게는 일주일을 울어줄 친구들이 있었습니다. 그런데 고통의 문제는 이제부터 시작되고 있었습니다. 쉬운 것이 아니었습니다.

'고통 가운데 있는 자들을 우리가 지금까지 어떤 모습으로 만났었는지 생각해보십시오.'

* Meditatio 묵상
오늘 말씀을 통하여 깨닫게 된 것을 짧게 적어보십시오.

제 2 부

첫 번째 논쟁 1 : 연약한 아름다움

하나님에 대한 예의

* Lexio 읽기 / 욥기 3:1-11
가능하면 오늘의 본문을 먼저 읽는 것이 좋지만 바로 아래 글을 읽어도 좋습니다. 충분히 본문을 이해하도록 배려하며 글을 썼습니다. 혹시 본문을 읽으신 분은 감동이 오는 말씀이나 단어 혹은 느낌을 간단히 적으시면 좋습니다.

"그들이 일제히 소리 질러 울며 각각 자기의 겉옷을 찢고 하늘을
향하여 티끌을 날려 자기 머리에 뿌리고 밤낮 칠 일 동안 그와 함
께 땅에 앉았으나"(욥2:12-13)

칠일동안 자기와 함께 밤낮을 울며 함께 한 친구들 앞에서 갑자기 욥은 감정의 경계선이 무너졌습니다. 자식들이 죽고 심지어 아내마저 하나님을 저주하고 죽으라고 할 때에도 처연했던 욥이 갑자기 무너진 것입니다. 욥이 자신을 저주하기 시작하였습니다.

"그 후에 욥이 입을 열어 자기의 생일을 저주하니라"(욥3:1)

욥이 하나님을 저주한 것은 아니었지만 자신의 비참함을 토로할 수밖에 없었습니다. 욥은 하나님이 전적으로 인정한 온전한 의인이었지만 동시에 인간이었습니다. 하나님의 사람이었지만 고통은 고통이었습니다.

아마도 자신을 위해 진정성을 갖고 울어주는 친구들의 모습을 보면서 비로소 자신안의 슬픔을 토로한 것으로 보입니다. 하나님에 대한 항의가 섞인 것이었지만 친구들 때문에 할 수 있는 표현이었습니다.

그러나 욥은 절대로 끝까지 하나님을 저주하거나 원망하지 않았습니다. 단지 욥은 자신을 저주하기 시작하였습니다. 그는 자신의 출생을 저주하였습니다.

> "나의 모태가 그 문을 닫지 않아 내 눈이 마침내 고난을 보게 되었구나. 내가 어찌하여 모태에서 죽지 아니하였으며 나오면서 숨지지 아니하였는가?"(공동번역/욥3:10-11)

이것이 욥이 할 수 있는 전부였습니다. 하지만 이 모습은 인간이 보일 수 있는 아름다움이었습니다. 극한의 고통 가운데서도 표면적으로는 하나님을 원망하지 않고 고작 자신을 저주하는, 언제나 예의를 지키는 모습 때문입니다. 어떤 일이 벌어져도 '하나님은 하나님이시다' 라는 고백을 놓치지 않고 살아가는 것, 그것이 욥의 모습이었습니다. 하나님께 예의를 지키는 것!

'하나님에 대한 예의, 나는 어떤 모습인지 생각해보십시오.'

* Meditatio 묵상
오늘 말씀을 통하여 깨닫게 된 것을 짧게 적어보십시오.

하나님께 영락없이 갇힌 몸

* Lexio 읽기 / 욥기 3:12-26
가능하면 오늘의 본문을 먼저 읽는 것이 좋지만 바로 아래 글을 읽어도 좋습니다. 충분히 본
문을 이해하도록 배려하며 글을 썼습니다. 혹시 본문을 읽으신 분은 감동이 오는 말씀이나
단어 혹은 느낌을 간단히 적으시면 좋습니다.

> "어찌하여 내가 태에서 죽어 나오지 아니하였던가 어찌하여 내
> 어머니가 해산할 때에 내가 숨지지 아니하였던가... 그렇지 아니
> 하였던들 이제는 내가 평안히 누워서 자고 쉬었을 것이니"
>
> (욥3:11,13)

욥은 자신이 태어난 것을 저주하고 있었습니다. 만일 태어나지 않았
다면 영원한 하나님 나라에서 쉼과 평안을 누리고 있었을 것이라고 탄
식하면서 말입니다. 그러니까 욥은 하나님 나라를 사모하고 있었습니
다. 전적으로 욥은 하나님의 주권을 인정하고 있었습니다.

> "그 곳은 악당들이 설치지 못하고 삶에 지친 자들도 쉴 수 있는
> 곳, 포로들도 함께 안식을 누릴 수 있고 노예를 부리는 자들의 욕
> 설도 들리지 않는 곳, 낮은 자와 높은 자의 구별이 없고 종들이
> 주인의 손아귀에서 풀려나는 곳."(공동번역/욥3:17-19)

물론 어떤 이들은 이 같은 고통의 토로를 보면서 욥에게 뭐라고 할

지 모르겠습니다. 실제로 친구들이 욥을 비판하며 지적한 것처럼 말입니다. 하지만 이럴 수 있습니다. 이런 사실을 하나님이 모르지 않았을 것입니다. 그러니까 하나님은 이 수준의 욥을 의인이라고 한 것입니다. 그래서 행복합니다.

이처럼 극심한 고통 가운데 있지만 욥은 하나님을 느끼고 있었습니다. 가고 싶지 않은 고통 앞에서 말입니다.

"빠져 나갈 길은 앞뒤로 막히고 하나님께 영락없이 갇힌 몸, 나
이제 한숨이나 삼키고 흐느낌이나 마시리니"(공동번역/욥 3:23-24)

"하나님께 영락없이 갇힌 몸"인 욥은 이 기막힌 고통의 사건 앞에서 하나님의 마음을 알고 있었던 것입니다. 단지 그 고통을 피하고 싶었던 것뿐이었습니다. 이것이 온전한 인간이지만 정말 온전하신 예수 그리스도와 다른 점일 것입니다. 예수님에게 고통은 윤동주의 표현처럼 행복함으로였지만 욥에게는 두려움이었던 것입니다. 인간의 모습입니다. 그래도 아름다운 모습 입니다.

'욥은 하나님께 영락없이 갇힌 몸으로 살 준비를 하고 있었습니다. 원하는 길은 아니었지만 말입니다. 이해가 되십니까?'

* Meditatio 묵상

오늘 말씀을 통하여 깨닫게 된 것을 짧게 적어보십시오.

질병과 고통은 죄의 결과인가?

* Lexio 읽기 / 욥기 4:1-11
가능하면 오늘의 본문을 먼저 읽는 것이 좋지만 바로 아래 글을 읽어도 좋습니다. 충분히 본문을 이해하도록 배려하며 글을 썼습니다. 혹시 본문을 읽으신 분은 감동이 오는 말씀이나 단어 혹은 느낌을 간단히 적으시면 좋습니다.

- -

- -

> "나의 모태가 그 문을 닫지 않아 내 눈이 마침내 고난을 보게 되었구나. 내가 어찌하여 모태에서 죽지 아니하였으며 나오면서 숨지지 아니하였는가?"(공동번역/욥3:10-11)

일주일동안 진심으로 자신을 위해 울고 있는 친구들 앞에서 욥은 자신의 솔직한 감정을 토로하였습니다. 고작 자신을 저주하는 것이었지만 그것은 신뢰하는 이들에게 말할 수 있는 정직한 아픔이었습니다.

이 같은 욥의 이야기를 듣던 친구 엘리바스가 말을 꺼냈습니다. 이상했습니다. 일주일동안 울던 엘리바스의 모습이 아니었습니다.

> "그런데 자네가 이 지경을 당하자 기가 꺾이고 매를 좀 맞았다고 이렇듯 허둥대다니, 될 말인가? 자신만만하던 자네의 경건은 어찌 되었고 자네의 희망이던 그 흠없는 생활은 어찌 되었는가?"
>
> (공동번역/욥4:5-6)

엘리바스는 욥의 입에서 나오는 그 저주와 탄식들을 받아들일 수가 없었던 것입니다. 가만히 욥의 고난에 동참하던 그가 욥의 저주를 들으면서 죄라고 확신한 것입니다. 더욱이 엘리바스는 일반적인 이해인 인과응보의 교리에 충실하였던 것으로 보입니다. 그래서 더욱 욥의 고난을 죄의 결과로 생각할 수밖에 없었습니다.

> "곰곰이 생각해 보게. 죄 없이 망한 이가 어디 있으며 마음을 바로 쓰고 비명에 죽은 이가 어디 있는가? 내가 보니, 땅을 갈아 악을 심고 불행의 씨를 뿌리는 자는 모두 그 심은 대로 거두더군."
>
> (공동번역/욥4:7-8)

"죄 없이 망한 이는 없다!" 매우 그럴 듯 해보입니다. 하지만 매우 위험한 생각이었습니다. 이 같은 이해는 가난, 질병 그리고 실패 같은 것들의 원인을 죄의 결과라고 여기게 하기 때문입니다. 여하튼 그런 까닭에 엘리바스는 욥의 고난을 죄의 결과, 하나님의 심판이라고 단정한 것이고 회개를 요구한 것이었습니다.

'우리도 흔히 이 같은 오류에 빠져 이해를 합니다. 질병이나 사고를 만난 이들에게 하나님의 심판이라는 뉘앙스로 말하는 것 같은 태도 말입니다. 그런 적이 있지는 않았는지 생각해보십시오.'

* Meditatio 묵상
오늘 말씀을 통하여 깨닫게 된 것을 짧게 적어보십시오.

십자가가 없는 복음

* Lexio 읽기 / 욥기 4:12-21
가능하면 오늘의 본문을 먼저 읽는 것이 좋지만 바로 아래 글을 읽어도 좋습니다. 충분히 본
문을 이해하도록 배려하며 글을 썼습니다. 혹시 본문을 읽으신 분은 감동이 오는 말씀이나
단어 혹은 느낌을 간단히 적으시면 좋습니다.

"곰곰이 생각해 보게. 죄 없이 망한 이가 어디 있으며 마음을 바

로 쓰고 비명에 죽은 이가 어디 있는가?"(공동번역/욥4:7)

엘리바스가 볼 때 자신의 태생을 저주하는 것은 하나님이 잘못한 것
이라고 주장하는 것처럼 보였습니다. 그래서 그의 고난은 이유 없는 것
이라고 말하는 욥의 태도를 받아들일 수가 없었습니다. 그래서 작심한
듯 엘리바스가 말을 이었습니다.

"사람이 어찌 하나님보다 의롭겠느냐 사람이 어찌 그 창조하신

이보다 깨끗하겠느냐"(욥4:17)

이 같은 엘리바스의 의견은 일견 틀리지 않습니다. 분명 망한 것이
죄의 결과일 수도 있기 때문입니다. 그러나 언제나 옳은 것은 아닙니
다. 사실은 위험한 번영신학의 주장입니다.

부자가 되고, 성공하고 또한 건강하며 모든 것이 잘 되는 것은 하나

님의 축복이라는 도식입니다. 그것은 반대적인 측면, 가난하고 실패하고 또한 건강하지 못할 뿐 아니라 하는 일마다 되지 않는 것은 죄의 결과로 하나님의 심판이라고 여기게 만들기 때문입니다.

지금의 교회 안에 부요한 자와 성공한 자, 그리고 멋있는 엘리트들이 많이 모이는 이유 중의 하나는 이런 이해에 기초하고 있음을 부인할 수 없습니다.

그동안 한국교회가 그렇게 생각해왔습니다. 소위 삼박자축복 같은 교리가 지배해 온 것입니다. 그 순간 도외시되고 구석에 밀어 넣은 것이 십자가 곧 고난과 희생에 대한 이해였습니다.

십자가가 없는 복음을 말하기 시작한 것입니다. 혹은 화려하고 아름다운 십자가로 십자가를 미화하기 시작한 것입니다. 그때부터 교회는 고통의 바다, 사막 그리고 광야로 나가는 것을 외면하게 된 것입니다. 오늘날 한국교회가 만난 위기가 된 것입니다.

'내가 믿는 신앙에는 십자가가 있습니까? 십자가가 없습니까?'

* Meditatio 묵상
오늘 말씀을 통하여 깨닫게 된 것을 짧게 적어보십시오.

길흉화복을 주시는 하나님이신가?

* Lexio 읽기 / 욥기 5:1-27

가능하면 오늘의 본문을 먼저 읽는 것이 좋지만 바로 아래 글을 읽어도 좋습니다. 충분히 본
문을 이해하도록 배려하며 글을 썼습니다. 혹시 본문을 읽으신 분은 감동이 오는 말씀이나
단어 혹은 느낌을 간단히 적으시면 좋습니다.

> "어리석은 자는 투덜거리다가 망하고 철없는 자는 화를 내다가
> 죽는다네. 나도 어리석은 자가 뿌리를 뻗어가는 것을 보기는 했
> 네만 그의 집은 삽시간에 망하고 말았네."(공동번역/욥5:2-3)

엘리바스가 든 예가 욥을 지칭하는 것은 아니었겠지만 욥에게 벌어
진 일이었습니다. "삽시간에 망하고 말았네"

엘리바스는 지속적으로 불행의 원인을 사람의 잘못으로 제한하여 욥
을 압박하였습니다. 매우 강력한 주장이었습니다.

> "땅에서 불행이 솟아나는 일 없고 흙에서 재앙이 돋아나는 일도
> 없으니 재난은 사람이 스스로 빚어내는 것, 불이 불티를 높이 날
> 리는 것과 같다네."(공동번역/욥5:6-7)

이 같은 엘리바스의 주장이 말하는 것은 하나님의 역할론에 기초한
것이었습니다. 즉 하나님이 인과응보의 역사 속에 직접 주체가 되어서
일하신다는 메시지였습니다. 그런 이해에 이르자 엘리바스는 결론을

내렸습니다. 인간이 할 수 있는 것은 하나님을 찾는 것 외에 다른 방법은 없다는 것이었습니다.

"나라면 하나님을 찾겠고 내 일을 하나님께 의탁하리라"(욥5:8)

엘리바스는 매우 분명하게 하나님을 길흉화복을 주시는 하나님으로 묘사하고 있는 것입니다. 그러므로 인간은 알아서 하나님에게 복종해야 한다는 논리였습니다.

"여보게, 하나님께 매를 맞는 일이야 즐거운 일 아닌가! 그러니
전능하신 분의 교훈을 물리치지 말게. 찌르고 나서 싸매 주시며
때리고 나서 낫게 해주시는 이, 그가 여섯 가지 곤경에서 자네를
건져주시리니"(공동번역/욥5:17-19)

옳은 것처럼 보이지만 반드시 옳지 않은 관점이 바로 이 관점입니다. 고통과 환난을 무조건 죄의 결과로 생각하는 이해입니다. 우리가 흔히 범해왔던 오류입니다. 엘리바스는 바로 그 오류의 함정에 빠져 있었던 것입니다.

'모든 고통과 환난이 죄 혹은 하나님의 심판입니까? 그렇지 않은 경우들의 예를 생각해보십시오.'

* Meditatio 묵상
오늘 말씀을 통하여 깨닫게 된 것을 짧게 적어보십시오.

연약한 아름다움

* Lexio 읽기 / 욥기 6:1–13
가능하면 오늘의 본문을 먼저 읽는 것이 좋지만 바로 아래 글을 읽어도 좋습니다. 충분히 본
문을 이해하도록 배려하며 글을 썼습니다. 혹시 본문을 읽으신 분은 감동이 오는 말씀이나
단어 혹은 느낌을 간단히 적으시면 좋습니다.

"욥이 대답하여 이르되 나의 괴로움을 달아 보며 나의 파멸을 저
울 위에 모두 놓을 수 있다면 바다의 모래보다도 무거울 것이라
그러므로 나의 말이 경솔하였구나"(욥6:1–3)

욥의 괴로움은 하나님 때문이었습니다. 욥은 도무지 자신이 잘못한
것이 무엇인지 알 수가 없었습니다. 물론 한 가지는 분명했습니다. 하
나님이 이 고난의 이유였습니다.

"빠져 나갈 길은 앞뒤로 막히고 하나님께 영락없이 갇힌 몸, 나
이제 한숨이나 삼키고 흐느낌이나 마시리니"(공동번역/욥3:23–24)

분명 하나님 때문이었습니다. 그 분명한 상황에서 욥은 하나님에게
자신의 목숨을 가져가실 것을 탄원하였습니다.

"오, 나 청을 올릴 수 있어 하나님께서 나의 그 소원을 이루어주
신다면, 그리하여 나를 산산이 부수시고 손을 들어 나를 죽여주

신다면, 차라리 그것으로 나는 위로를 받고 견딜 수 없이 괴롭지
만, 오히려 기뻐 뛰리라"(공동번역/욥6:8-10)

사실 이 요청은 하나님에 대한 전적인 의존을 말하는 것이었습니다.
마치 엘리야가 갈멜산 사건 후 광야로 나가 죽기를 청하는 것과 같은
것이었습니다. 더욱이 욥은 이 고난의 이유를 알 수가 없었기 때문입니
다. 그래서 더욱 하나님에게로 가고 싶었던 것입니다. 오로지 하나님이
존재의 근원이신데 그 하나님의 묶으심 앞에 모든 것은 끝났다고 욥은
생각할 수밖에 없었던 것입니다.

"거룩하신 하나님의 말씀을 나 아직 어긴 일이 없네. 나에게 무
슨 힘이 있어 더 견디며 무슨 좋은 수가 있겠다고 더 살겠는가."
(공동번역/욥6:10-11)

놀라운 고백이었습니다. 하나님 없이 살 수 없는 인간의 연약함, 욥
은 그 놀라운 진실을 말하고 있었던 것입니다.

'하나님 없이 우리는 살 수 없습니다. 그것이 인간입니다. 이 연약한
아름다움, 하나님을 의존하는 아름다움을 이해할 수 있겠습니까?'

* Meditatio 묵상
오늘 말씀을 통하여 깨닫게 된 것을 짧게 적어보십시오.

하나님의 대답, 예수 그리스도

* Lexio 읽기 / 욥기 6:14-30

가능하면 오늘의 본문을 먼저 읽는 것이 좋지만 바로 아래 글을 읽어도 좋습니다. 충분히 본문을 이해하도록 배려하며 글을 썼습니다. 혹시 본문을 읽으신 분은 감동이 오는 말씀이나 단어 혹은 느낌을 간단히 적으시면 좋습니다.

> "나에게 무슨 힘이 있어 더 견디며 무슨 좋은 수가 있겠다고 더
>
> 살겠는가."(공동번역/욥6:11)

하나님 외에는 아무 것도 희망이 없다는 욥의 고백, 이 고백은 절절하였습니다. 욥은 반복하여 고백하였습니다.

> "나 이제 아무 의지도 없어 살아날 길이 아득하다네."
>
> (공동번역/욥6:13)

이 처절한 고독의 고백은 친구들 때문이었습니다. 자신의 고통 앞에 일주일을 울며 함께 하던 친구들이 도그마에 묶여 자신과 함께 하지 못하는 모습을 보면서 부터였습니다. 그저 자신과 함께 울어주던 친구들이 사라졌기 때문이었습니다. 그나마 슬픔을 버티던 힘이 상실된 것입니다.

> "벗과 함께 괴로워하지 아니하는 자, 전능하신 분을 두려워하지
>
> 아니하는 자, 나의 형제라는 자들도 변덕이 심하기가 물이 넘쳐
>
> 흐르던 사막의 개울 바닥 같네."(공동번역/욥6:14-15)

욥이 의지하던 친구들이 사라진 것입니다. 그 의지가 헛되다는 것을 깨닫기 시작한 것입니다.

> "이제 너희는 아무것도 아니로구나 너희가 두려운 일을 본즉 겁내는구나"(욥6:21)

사실 욥이 친구들에게 바란 것은 그를 구원해달라는 것도, 살려달라는 것도 아니었습니다. 그저 친구가 되어줄 것을, 함께 해 줄 것을 요청한 것뿐이었습니다.

그 순간부터 욥은 더욱 하나님과의 일대일의 관계로 들어서기 시작하였습니다. 친구들을 비롯하여 의지하던 것들이 사라지면서 시작된 것이었습니다.

아, 그렇다면 고난은 하나님을 깊이 만나는 통로일 수 있습니다. 아직 욥은 모르지만 고난을 허락하신 하나님 역시 욥의 고난에 동참하고 계시기 때문입니다.

'얼마나 하나님의 마음이 아팠겠습니까? 나중에 하나님이 대답하셨습니다. 그 분이 바로 예수 그리스도이십니다. 이해되십니까?'

* Meditatio 묵상
오늘 말씀을 통하여 깨닫게 된 것을 짧게 적어보십시오.

최고의 깨달음

* Lexio 읽기 / 욥기 7:1–16
가능하면 오늘의 본문을 먼저 읽는 것이 좋지만 바로 아래 글을 읽어도 좋습니다. 충분히 본
문을 이해하도록 배려하며 글을 썼습니다. 혹시 본문을 읽으신 분은 감동이 오는 말씀이나
단어 혹은 느낌을 간단히 적으시면 좋습니다.

> "이와 같이 내가 여러 달째 고통을 받으니 고달픈 밤이 내게 작정
> 되었구나"(욥7:3)

욥의 고난은 짧은 시간이 아니었습니다. 그의 고난은 이미 "여러 달
째" 지속되는 고통이었습니다. 그 기막힌 고난의 시간 속에서 욥은 놀
라운 깨달음에 이르렀습니다.

> "인생은 땅 위에서 고역이요 그의 생애는 품꾼의 나날 같지 않은
> 가? 해 지기를 기다리는 종과도 같고 삯을 기다리는 품꾼과도 같
> 지 않은가?"(공동번역/욥7:1–2)

과거 욥이 누렸던 모든 부요함과 세상의 영광이라는 것의 실체였습니
다. 그 어느 것도 자신에게 속하여 있는 것이 아니라는 깨달음이었습니다.

> "누우면 '언제나 이 밤이 새려나' 하고 기다리지만 새벽은 영원
> 히 올 것 같지 않아 밤이 새도록 뒤척거리기만 하는데, 나의 몸은
> 구더기와 때로 뒤덮이고 나의 살갗은 굳어졌다가 터지곤 하네."

(공동번역/욥7:4-5)

아무 것도 아닌 존재, "생명이 한낱 바람 같음"(욥7:7)을 욥은 깨닫게 된 것입니다. 그 순간 욥은 자신의 생명을 붙잡을 이유가 없어졌습니다. 그렇게 붙잡고 추구하였던 욥이란 존재가 허망하여진 것입니다.

> "언제까지나 살 것도 아닌데 제발 좀 내버려두십시오. 나의 나날
> 은 한낱 입김일 따름입니다."(공동번역/욥7:16)

이 고백은 솔로몬이 한 고백과 같은 것이었습니다. 인생을 관통하는 순간 깨닫게 되는 고백이었습니다.

> "내가 생각해 본즉 내 손으로 한 모든 일과 내가 수고한 모든 것이
> 다 헛되어 바람을 잡는 것이며 해 아래에서 무익한 것이로다"
> (전2:11)

사람이 할 수 있는 최고의 깨달음이었습니다. 이 깨달음은 하나님을 전적으로 인정하는 신앙의 깊이에 이르게 하기 때문입니다.

'우리는 자신을 너무 신뢰합니다. 그 바람 같은 것, 먼지 같은 것이 아니라고 여전히 여깁니다. 그렇지 않습니까?'

* Meditatio 묵상
오늘 말씀을 통하여 깨닫게 된 것을 짧게 적어보십시오.

- -

- -

우리의 죄는 하나님에게 짐이 된다

* Lexio 읽기 / 욥기 7:17-21

가능하면 오늘의 본문을 먼저 읽는 것이 좋지만 바로 아래 글을 읽어도 좋습니다. 충분히 본문을 이해하도록 배려하며 글을 썼습니다. 혹시 본문을 읽으신 분은 감동이 오는 말씀이나 단어 혹은 느낌을 간단히 적으시면 좋습니다.

"인생은 땅 위에서 고역이요 그의 생애는 품꾼의 나날 같지 않은
가?... 이 목숨은 한낱 입김일 뿐입니다."(공동번역/욥7:1,7)

욥은 자신이 얼마나 가벼운 존재인지를 알았습니다. "한낱 입김"같은 존재, 하나님이 관심을 가질만한 존재가 아니었습니다. 그런데 욥이 이 고난을 지나면서 또 다른 깨달음을 경험합니다. 그것은 하나님의 간섭이었습니다.

"사람이 무엇인데, 당신께서는 그를 대단히 여기십니까? 어찌하
여 그에게 신경을 쓰십니까?"(공동번역/욥7:17)

놀랍게도 욥이 깨달은 것은 매우 세밀하게 일하시고 관심을 갖고 계신 하나님이었습니다. 그것이 욥의 눈에 보이기 시작한 것입니다. 몇 달 동안 고통을 겪으면서 생긴 민감함이었는지도 모르겠습니다.

"어찌하여 아침마다 그를 찾으시고 잠시도 쉬지 않고 그에게 시

련을 주십니까? 끝내 나에게서 눈을 떼시지 않으시렵니까? 침
삼킬 동안도 버려두지 않으시렵니까?"(공동번역/욥7:18-19)

하나님의 욥을 향한 민감함은 깨달음으로 생긴 것이었습니다. 그 몇
달 간의 고통을 통하여 자신이 죄를 짓는 것은 하나님의 손해라는 것을
깨닫습니다. 그 죄가 그분에게는 짐이 된다는 것도 깨닫습니다.

"내가 죄를 지었다고 해서 당신께 무슨 큰 손해라도 된단 말씀입
니까?... 어찌하여 내가 당신께 짐이 된단 말씀입니까?"
(공동번역/욥7:20)

드디어 자기의 죄 없음을 주장하던 욥이 죄를 깨닫기 시작한 것입니
다. 그것은 형체가 없는 죄였습니다. 아직도 욥이 전적으로 동의하지는
못합니다. 당연히 눈에 보이는 형체를 갖춘 죄가 아니었기 때문입니다.
그런데 죄라는 것을 욥이 깨닫기 시작한 것입니다.

"어찌하여 나의 죄를 용서하시지 않으십니까?"(공동번역/욥7:21)

'우리의 죄가 하나님에게 짐이 된다는 사실을 아십니까? 그래서 예수
가 십자가를 지셨다는 것을 아십니까?'

* Meditatio 묵상
오늘 말씀을 통하여 깨닫게 된 것을 짧게 적어보십시오.

제 3 부

첫 번째 논쟁 2 : 하나님의 버리심

어울리지 않는 말씀

* Lexio 읽기 / 욥기 8:1-7

가능하면 오늘의 본문을 먼저 읽는 것이 좋지만 바로 아래 글을 읽어도 좋습니다. 충분히 본문을 이해하도록 배려하며 글을 썼습니다. 혹시 본문을 읽으신 분은 감동이 오는 말씀이나 단어 혹은 느낌을 간단히 적으시면 좋습니다.

"내가 죄를 지었다고 해서 당신께 무슨 큰 손해라도 된단 말씀입니까?... 어찌하여 내가 당신께 짐이 된단 말씀입니까?"

(공동번역/욥7:20)

3장에서 자기 생일을 저주하는 욥을 엘리바스가 자기의 지식으로 훈계한 것이 4,5장입니다. 이어진 6,7장은 욥의 자기 변론이었습니다. 이런 욥의 모습을 보던 빌닷이 끼어들었습니다. 도무지 욥의 태도를 그냥 둘 수 없었던 것입니다.

"하나님이 어찌 정의를 굽게 하시겠으며 전능하신 이가 어찌 공의를 굽게 하시겠는가"(욥8:3)

그리고 치명적인 일격을 날립니다. 이전에 욥이 자녀들을 위해 매순간 제사를 드린 일은 무시한 채 직격탄을 날립니다.

"자네 아들들이 그분께 죄를 지었으므로 그분께서 그 죄값을 물

으신 것이 분명하네."(공동번역/욥8:4)

엘리바스가 견지한 것처럼 빌닷 역시 같은 입장이었습니다. 하나님은 죄를 범한 자들을 반드시 벌하신다는 논리였습니다. 물론 일반적으로 옳은 이야기지만 욥은 하나님이 인정하신 것처럼 그런 경우가 아니었습니다.

어느 순간엔가 빌닷은 이상한 낙관론에 기초한 지극히 신앙적인(?) 충고를 말하기 시작합니다. 우리가 흔히 쓰는 구절입니다. 새로이 가게를 여는 집에 심방 갈 때 건네는 액자에 주로 쓰이는 구절입니다.

"네 시작은 미약하였으나 네 나중은 심히 창대하리라"(욥8:7)

참 어울리지 않는 말씀입니다. 욥의 경우를 보면서 알 수 있듯이 우리의 나중이 세상적 견지에서 풍요로 끝나지 않을 수도 있기 때문입니다. 실제로 많은 믿음의 사람들이 순교, 고난을 받으며 산 경우가 허다하기 때문입니다. 창대하거나 풍요로운 것보다 더 중요한 것은 '하나님 앞에 온전히 서 있는 사람인가?' 하는 문제인데 말입니다.

'혹 모든 것이 잘 안되었을지라도 나는 하나님 앞에 바르게 서 있는 존재입니까?'

* Meditatio 묵상
오늘 말씀을 통하여 깨닫게 된 것을 짧게 적어보십시오.

하나님의 버리심

* Lexio 읽기 / 욥기 8:8-22

가능하면 오늘의 본문을 먼저 읽는 것이 좋지만 바로 아래 글을 읽어도 좋습니다. 충분히 본문을 이해하도록 배려하며 글을 썼습니다. 혹시 본문을 읽으신 분은 감동이 오는 말씀이나 단어 혹은 느낌을 간단히 적으시면 좋습니다.

"네 시작은 미약하였으나 네 나중은 심히 창대하리라"(욥8:7)

어느 날 길가 구석에 버려진 액자에는 바로 이 말씀이 적혀 있었습니다. 이 말씀이 모든 경우에 적용되지 않았던 것입니다.

한 마디로 말해서 이 말씀은 부적 같은 것이 아님을 알아야 하고, 특히 세상적인 경우에 다 적용되는 말씀도 아님을 알아야 합니다.

"하나님을 잊어버리는 자의 길은 다 이와 같고 저속한 자의 희망
은 무너지리니 그가 믿는 것이 끊어지고 그가 의지하는 것이 거
미줄 같은즉 그 집을 의지할지라도 집이 서지 못하고 굳게 붙잡
아 주어도 집이 보존되지 못하리라"(욥8:13-15)

총론적으로 옳은 얘기처럼 보이지만 간과된 것이 있습니다. 이 땅에 의인들이 당하는 고난이 많다는 사실입니다. 욥의 경우처럼 말입니다.

그러니까 모든 종류의 고난이 죄로 인한 하나님의 징계라는 뉘앙스를 주는 빌닷의 태도는 옳지 않은 것입니다.

"하나님은 순전한 사람을 버리지 아니하시고"(욥8:20)

이 말씀을 가장 극명하게 부정하는 사건이 역사 속에 있었습니다. 바로 예수 그리스도의 죽음이었습니다. 그 핵심은 하나님의 버리심이었습니다.

"엘리 엘리 라마 사박다니 하시니 이는 곧 나의 하나님, 나의 하
나님, 어찌하여 나를 버리셨나이까"(마27:46)

하나님의 버리심, 그것은 구속의 역사였습니다. 그리스도의 고난은 아름다움이었기 때문입니다. 때에 따라 고난은 하나님의 징계가 아니라 하나님의 구속 사역으로 나타나기도 합니다. 빌닷처럼 우리가 간과할 수 있는 부분입니다.

'모든 고난이 하나님의 징계입니까? 모든 부요가 하나님의 축복입니까?'

* Meditatio 묵상
오늘 말씀을 통하여 깨닫게 된 것을 짧게 적어보십시오.

고난 받던 이들의 질문

* Lexio 읽기 / 욥기 9:1-12
가능하면 오늘의 본문을 먼저 읽는 것이 좋지만 바로 아래 글을 읽어도 좋습니다. 충분히 본문을 이해하도록 배려하며 글을 썼습니다. 혹시 본문을 읽으신 분은 감동이 오는 말씀이나 단어 혹은 느낌을 간단히 적으시면 좋습니다.

"생각하여 보라 죄 없이 망한 자가 누구인가 정직한 자의 끊어짐

이 어디 있는가"(엘리바스/욥4:7)

"하나님이 어찌 정의를 굽게 하시겠으며 전능하신 이가 어찌 공

의를 굽게 하시겠는가"(빌닷/욥8:3)

엘리바스와 빌닷의 주장을 욥이 부정하는 것은 아니었습니다. 그 역시 그들의 주장에 동의합니다.

"진실로 내가 이 일이 그런 줄을 알거니와 인생이 어찌 하나님 앞

에 의로우랴"(욥9:2)

하지만 욥이 자신의 죄를 인정하는 것은 아니었습니다. 욥의 인정은 하나님이 죄라고 얘기하면 죄이기 때문이라는 자조 섞인 인정이었던 것입니다.

"나 비록 죄가 없다고 하여도 그는 나에게 죄가 있다고 하시겠고,

나 비록 흠이 없다고 하여도 그는 나의 마음 바탕이 틀렸다고 하

실 것일세."(공동번역/욥9:20)

욥은 하나님의 독선적인 힘에 대해 자신의 약함을 말하고 있는 것이었습니다.

> "하나님은 생각이 깊으시고 힘이 강하신데 그 누가 그와 겨루어
> 무사하겠는가?"(공동번역/욥9:4)

욥은 하나님 앞에 서서 직접 얼굴을 대면하고 말하고 싶어 합니다. 하지만 할 수 없는 자신을 탄식합니다. 일방적인 하나님의 모습에 대한 탄식이었습니다.

> "그가 내 앞으로 지나시나 내가 보지 못하며 그가 내 앞에서 움직
> 이시나 내가 깨닫지 못하느니라"(욥9:11)

이토록 강력한 하나님, 당신의 뜻대로 모든 일을 행하시고 죄가 없을지라도 죄라고 말씀하시며 전혀 상대하지 않는 하나님, 욥이 경험하고 있는 하나님이었습니다. 드디어 기막힌 말을 합니다.

> "하나님이 빼앗으시면 누가 막을 수 있으며 무엇을 하시나이까
> 하고 누가 물을 수 있으랴"(욥9:12)

'고난 앞에 있던 이들은 이런 질문을 던졌을 것입니다. 이해할 수 없는 고난, 이해가 되십니까?'

* Meditatio 묵상
오늘 말씀을 통하여 깨닫게 된 것을 짧게 적어보십시오.

하나님이 불의해 보일 때

* Lexio 읽기 / 욥기 9:13-24
가능하면 오늘의 본문을 먼저 읽는 것이 좋지만 바로 아래 글을 읽어도 좋습니다. 충분히 본문을 이해하도록 배려하며 글을 썼습니다. 혹시 본문을 읽으신 분은 감동이 오는 말씀이나 단어 혹은 느낌을 간단히 적으시면 좋습니다.

"하나님이 **빼앗으시면** 누가 막을 수 있으며 무엇을 하시나이까

하고 누가 물을 수 있으랴"(욥9:12)

욥은 방법이 없었습니다. 이것은 일방적인 게임 같은 것이었습니다. 시간이 지날수록, 친구들의 논증 앞에서 변론을 하면 할수록 욥에게는 하나님이 폭력적이고 불의한 분으로 다가오기 시작하였습니다. 더욱이 욥은 '하나님의 침묵' 같은 것을 경험하고 있었습니다.

"내가 불러도 대답조차 아니하시니 나의 부르짖음을 들으신다고

믿을 수도 없네."(공동번역/욥9:16)

드디어 욥은 하나님에게 도발적인 발언을 하기 시작하였습니다. 억울함이 흘러나오기 시작한 것입니다.

"그는 한 오라기 머리카락 같은 일로 나를 짓밟으시고 까닭없이

나를 해치시고 또 해치신다네."(공동번역/욥9:17)

60

분명히 자신은 죄를 지은 것이 없는데, 자신을 이렇게 대하시는 하나님 앞에서 자신에 대한 확신이 무너짐을 욥은 경험합니다.

> "나 비록 흠이 없다고 하지만 무엇이 무엇인지 모르겠네. 살아 있
> 다는 것이 구역질 날 뿐."(공동번역/욥9:21)

여기서 욥은 이상한 환영에 빠집니다. 그것은 "무죄한 자의 절망"(욥9:23)을 비웃으시는 하나님의 모습이었습니다. 기막힌 노릇이었습니다. 여기서 욥은 돌이킬 수 없을 만큼 끔찍한 말을 꺼내었습니다.

> "세상이 악인의 손에 넘어갔고 재판관의 얼굴도 가려졌나니 그렇
> 게 되게 한 이가 그가 아니시면 누구냐"(욥9:24)

불의한 하나님, 욥이 하고 싶었던 말이었습니다. 도무지 이해할 수 없는 일이 벌어지고 있었기 때문이었습니다. 그것은 욥의 정직함이기도 하였습니다. 동시에 객관적으로 볼 때 자유함이 느껴지는 부분이기도 합니다. 이 엄청난 분노와 하나님에 대한 자유로운 항의가 가능한 신앙, 참 아름답습니다.

'하나님이 불의해보일 때가 있었습니까? 그때 어떻게 이해하시고 받아들이셨습니까?'

* Meditatio 묵상
오늘 말씀을 통하여 깨닫게 된 것을 짧게 적어보십시오.

하나님을 직면하는 것

* Lexio 읽기 / 욥기 9:25–10:2

가능하면 오늘의 본문을 먼저 읽는 것이 좋지만 바로 아래 글을 읽어도 좋습니다. 충분히 본문을 이해하도록 배려하며 글을 썼습니다. 혹시 본문을 읽으신 분은 감동이 오는 말씀이나 단어 혹은 느낌을 간단히 적으시면 좋습니다.

"세상이 악인의 손에 넘어갔고 재판관의 얼굴도 가려졌나니 그렇게 되게 한 이가 그가 아니시면 누구냐"(욥9:24)

이 기막힌 상황에서 욥이 취할 수 있는 방법은 별로 없었습니다. 욥의 상상은 누구나 할 수 있는 선택이었습니다. 그 첫 번째는 긍정적으로 생각하는 것이었습니다.

"내 불평을 잊고 얼굴 빛을 고쳐 즐거운 모양을 하자"(욥9:27)

우리가 흔히 택하는 결정입니다. "즐거운 모양" 긍정적인 생각을 하는 것입니다. 욥은 이 같은 긍정적인 태도가 얼마나 부질없는 것인지를 금방 인식합니다.

"온갖 슬픔을 잊고 낯빛을 고쳐 웃음을 지어보리라고 마음먹어도 몰려오는 괴로움에 오히려 움츠러들기만 합니다. 당신께서 결코 나를 죄없다고 하시지는 않으시겠지요."(공동번역/욥9:27–28)

고난을 직면하지 않고 마치 마약을 먹듯이 긍정으로 지금의 상황에 눈을 감는 것, 욥은 그럴 수 없었습니다. 욥의 정직이었습니다.

지금 만난 고난은 긍정으로 넘어갈 수 있는 부분이 아님을 욥은 알았기 때문이었습니다.

> "내가 눈 녹은 물로 몸을 씻고 잿물로 손을 깨끗하게 할지라도 주께서 나를 개천에 빠지게 하시리니"(욥9:30-31)

'이 답답한 상황을 해결하고 중재해 줄 이가 있다면'라고 욥은 생각해 보지만(욥9:32) 그것 역시 불가능한 일임을 욥은 알고 있었습니다.

욥에게 다른 방법은 없었습니다. 어둠처럼 보이지만 하나님과 직접 부딪히고 직면하는 방법 외에는 없었습니다.

> "내가 하나님께 아뢰오리니 나를 정죄하지 마시옵고 무슨 까닭으로 나와 더불어 변론하시는지 내게 알게 하옵소서"(욥10:2)

'도무지 길이 보이지 않아도 기웃거리지 말고 하나님을 직면하는 것이 필요합니다. 잊지 마십시오.'

* Meditatio 묵상
오늘 말씀을 통하여 깨닫게 된 것을 짧게 적어보십시오.

하나님을 뵙고 싶습니다!

* Lexio 읽기 / 욥기 10:3–22

가능하면 오늘의 본문을 먼저 읽는 것이 좋지만 바로 아래 글을 읽어도 좋습니다. 충분히 본문을 이해하도록 배려하며 글을 썼습니다. 혹시 본문을 읽으신 분은 감동이 오는 말씀이나 단어 혹은 느낌을 간단히 적으시면 좋습니다.

　　"내가 하나님께 아뢰오리니 나를 정죄하지 마시옵고 무슨 까닭으
　　로 나와 더불어 변론하시는지 내게 알게 하옵소서"(욥10:2)

이 같은 탄원을 하던 욥의 마음에 놀라운 질문이 떠올랐습니다. 그것은 하나님과 욥의 관계가 아무 이유 없는 관계가 아니라 창조주와 피조물의 관계란 이해였습니다.

　　"당신께서 손수 만드신 것을 억압하고 멸시하시는 것이 기쁘십니
　　까? 악인의 꾀가 마음에 드십니까?"(공동번역/욥10:3)

그 순간 욥은 무섭게 하나님을 몰아붙였습니다. 단지 멸망시키기 위하여 사람을 창조하신 것이 아닐 텐데 도대체 왜 이 같이 멸하려 하시는지, 그 이유가 무엇인지를 격렬한 표현으로 욥은 질문하였습니다.

　　"당신께서는 내가 죄인이 아님을 아시고... 당신께서는 나를 손
　　수 빚어 만드시고는 이제 마음을 바꾸시어 나를 없애버리시렵니

까?"(공동번역/욥10:7–8)

    욥은 무신론자가 아니었습니다. 허망하게 윤회설을 주장하면서 인간의 공허함을 주장하는 이도 아니었습니다. 그는 매우 분명하게 하나님의 존재와 창조하심을 알고 있었습니다. 그런 까닭에 이제부터 욥의 질문은 하나님의 의도에 집중되었습니다. 그저 장난삼아 인간을 창조하신 것이 아니라는 것을 알고 있었기 때문이었습니다.

    그러나 시간이 갈수록 욥은 절망하고 있었습니다. 지쳐가고 있었습니다. 드디어 욥이 연약한 토로를 합니다. 그런데 그 토로 속에 놀라운 의미가 숨어있었습니다.

> "나의 수명은 이제 다 되었습니다… 잠시 후에 나는 갑니다. 영
> 영 돌아올 길 없는 곳, 캄캄한 어둠만이 덮인 곳으로 갑니다."
>
> (공동번역/욥10:20–21)

    하나님을 뵙고 싶다는 말이었습니다. 간절함이었습니다. 신앙의 아름다움입니다. 그것이 부정적이든 긍정적이든 하나님에게로 이르는 것이기 때문입니다.

    '우리의 모든 결론은 언제나 하나님에게로 향합니까? 그렇습니까?'

* Meditatio 묵상
오늘 말씀을 통하여 깨닫게 된 것을 짧게 적어보십시오.

그 무엇이 있지 않았다!

* Lexio 읽기 / 욥기 11:1-20
가능하면 오늘의 본문을 먼저 읽는 것이 좋지만 바로 아래 글을 읽어도 좋습니다. 충분히 본문을 이해하도록 배려하며 글을 썼습니다. 혹시 본문을 읽으신 분은 감동이 오는 말씀이나 단어 혹은 느낌을 간단히 적으시면 좋습니다.

> "나아마 사람 소바르가 말을 받았다. 말이 너무 많네, 듣고만 있
>
> 을 수 없군. 입술을 많이 놀린다고 하여 죄에서 풀릴 줄 아는가?"
>
> (공동번역/욥11:1-2)

이번에는 소발이었습니다. 소발 역시 분노하고 있었습니다. 엘리바스와 빌닷의 권면과 욥의 대답을 들으면서 소발은 욥에게 할 말을 정리해서 꺼내었습니다. 이를 위해 먼저 욥이 한 얘기를 한 문장으로 정리하여 말을 합니다.

> "네 말에 의하면 내 도는 정결하고 나는 주께서 보시기에 깨끗하
>
> 다 하는구나"(욥11:4)

소발이 인용한 욥의 얘기는 사실 욥의 주장이 아니었습니다. 욥은 자신의 도가 정결하고 깨끗하다고 강력하게 주장하지 않았습니다. 욥의 논지는 이 기막힌 고난을 받을 만큼 자신의 죄가 중한 것은 아니라는 탄원일 뿐이었습니다. 그런데 소발이 이 같이 욥을 정리한 것입니다.

소발의 표현대로 하면 갑자기 욥은 교만한 죄인으로 이해되는 것이었습니다. 이 같은 전제로 소발은 더 강력하게 욥을 몰아붙였습니다. 드디어 욥에게 드러나지 않은 죄가 있다는 논지를 꺼내었습니다.

> "너는 하나님이 너에게 주신 벌이 네가 마땅히 받아야 할 것에 비해서 오히려 가벼운 것임을 알아야 한다."(현대인의성경/욥11:6)

'그 무엇이 있다!'

소발은 욥에게 이 말을 하고 있는 것입니다. 너에게 숨겨놓은 죄가 있다는 것입니다. 이것은 소발의 오만한 오류이지만 우리 역시 다른 이들을 정죄할 때 쓰는 전형적인 방법이기도 합니다. 그럴듯하게 만든 이상한 전제를 놓고 그것에 기초하여 만들어진 논리로 상대방을 공격하는 것입니다. 그 어떤 것도 증명할 수 없는 것이기에 힘을 가진 자들은 시간이 갈수록 자신의 주장을 정당화합니다. 지금 소발이 그렇게 욥을 공격하고 있는 것입니다.

'알다시피 욥에게는 소발의 추측처럼 '무엇이 있지' 않았습니다. 죄가 드러나기 전까지는 정죄하지 말 것! 꼭 강조하고 싶은 태도입니다. 아시겠습니까?'

* Meditatio 묵상
오늘 말씀을 통하여 깨닫게 된 것을 짧게 적어보십시오.

....

....

하나님에게 직접 묻기로 하다

* Lexio 읽기 / 욥기 12:1-13:3
가능하면 오늘의 본문을 먼저 읽는 것이 좋지만 바로 아래 글을 읽어도 좋습니다. 충분히 본문을 이해하도록 배려하며 글을 썼습니다. 혹시 본문을 읽으신 분은 감동이 오는 말씀이나 단어 혹은 느낌을 간단히 적으시면 좋습니다.

> "욥이 대답하여 이르되 너희만 참으로 백성이로구나 너희가 죽으
>
> 면 지혜도 죽겠구나."(욥12:1-2)

엘리바스, 빌닷 그리고 소발 세 친구의 충고와 이어지는 욥의 대답으로 구성된 논쟁의 첫째 부분의 끝은 12장에서 14장까지 이어집니다. 욥의 가장 긴 답변입니다.

세 친구가 끊임없이 제기해온 법칙들, 인과응보론, 도덕률, 권선징악의 논리, 자연법 등 욥에게 권면하거나 꾸짖고 충고한 것들은 욥 자신도 알고 있었고 그가 이전에 누군가에게 권면할 때 사용하던 것이었습니다. 욥은 그 사실을 지적하면서 답변을 시작합니다.

> "나에게도 그만큼한 생각은 있다네. 자네들만큼 모르려니 생각하
>
> 지 말게. 누가 그 정도의 생각도 못하겠는가?"(공동번역/욥12:3)

욥이 볼 때 세 친구의 충고는 뻔한 이야기였다는 말이었습니다. 그러니까 그와 같은 논리로 대충 얼버무릴 수 없다고 욥은 말합니다.

"하나님이 헐면 누가 세울 수 있으며 하나님이 가두신 자를 누가
풀어 놓을 수 있겠는가? 하나님이 비를 내리시지 않으시면 땅이
곧 메마르고 폭우를 보내시면 땅이 물난리를 겪는다."

(현대인의성경/욥12:14-15)

극심한 가뭄과 폭우는 사람들을 죽게 하고 고통 가운데로 들어서게 합
니다. 그렇다면 '이것들은 어떻게 설명할 것인가?' 라는 질문이 생깁니다.
욥은 자신의 고난을 보면서 그동안 몰랐던 이유 없는 고난, 설명할 수 없
는 고난을 생각하게 된 것입니다. 단순히 고통과 환란을 하나님의 형벌,
길흉화복의 하나님으로 설명하는 것으로 부족한 것을 안 것입니다.

결국 욥은 하나님에게 직접 묻기로 합니다. 하나님 외에 이 문제의
답을 찾는 것이 불가능함을 안 것입니다.

"너희 아는 것을 나도 아노니 너희만 못하지 않으니라 참으로 나
는 전능자에게 말씀하려 하며 하나님과 변론하려 하노라."

(욥13:2-3)

'단순히 고난을 일반적인 틀에서 해석하는 것은 위험할 수 있습니다.
생각해보셨습니까?'

* Meditatio 묵상
오늘 말씀을 통하여 깨닫게 된 것을 짧게 적어보십시오.

정직이 힘이다

* Lexio 읽기 / 욥기 13:4-19
가능하면 오늘의 본문을 먼저 읽는 것이 좋지만 바로 아래 글을 읽어도 좋습니다. 충분히 본
문을 이해하도록 배려하며 글을 썼습니다. 혹시 본문을 읽으신 분은 감동이 오는 말씀이나
단어 혹은 느낌을 간단히 적으시면 좋습니다.

> "너희 아는 것을 나도 아노니 너희만 못하지 않으니라 참으로 나
> 는 전능자에게 말씀하려 하며 하나님과 변론하려 하노라."
>
> (욥13:2-3)

더 이상 욥은 친구들과 얘기할 필요를 느끼지 못하였습니다. 그들의
얘기란 것은 그저 어디에서나 들을 수 있는 일반적인 것이었습니다. 매
우 단순하게 환난은 죄의 결과란 틀을 만들고 거기에 모든 것을 맞추는
행위였습니다. 그리고 그것이 마치 하나님을 변호하는 것처럼 생각하
고 말입니다. 욥이 볼 때 어이없는 것이었습니다.

> "그런 허튼 소리를 하나님을 위해서 한다는 것인가? 그런 알맹이
> 없는 말을 그를 위해서 한다는 것인가?"(공동번역/욥13:7)

욥이 이 고난의 현장에서 확실하게 말할 수 있는 것은 정직이었습니
다. 자신이 이해할 수 없는 것을 얼렁뚱땅 받아들이거나 마음에 없는
말로 수긍하지도 않았습니다. 최소한 그는 정직했습니다. 그것이 욥에

70

게 있는 자신감 같은 것이었습니다. 하나님이 어떤 분이신지를 알기 때문이었습니다. 심지어 욥은 자신의 정당성을 하나님이 인정해줄 것을 알고 있었습니다.

> "나 이제 재판받을 마음 준비가 다 되어 있네. 무죄로 풀려날 줄
> 도 알고 있네."(공동번역/욥13:18)

욥은 정직이 옳은 것임을 알고 있었습니다. 비록 지금의 행위가 하나님 앞에 불경건해 보일지라도 이런 태도가 옳다고 생각하였습니다. 그래서 그는 더욱 담대하였습니다.

> "나 이를 악물고 목숨을 내걸고 맞서리라... 이렇게 그의 앞에 나
> 설 수 있음이 곧 나의 구원일는지도 모르는 일, 위선자는 감히 그
> 의 앞에 설 수도 없다네."(공동번역/욥13:14,16)

하나님 앞에서 정직을 추구하는 자의 힘이었습니다. 이 고난의 숲길에서도 슬프지 않은 이유였습니다.

'욥은 거짓을 말할 마음이 없었습니다. 그에게 정직은 힘이었습니다. 하나님이 그런 분이시기 때문입니다. 이 사실이 행복하지 않습니까?'

* Meditatio 묵상
오늘 말씀을 통하여 깨닫게 된 것을 짧게 적어보십시오.

두 가지 기도

* Lexio 읽기 / 욥기 13:20-28
가능하면 오늘의 본문을 먼저 읽는 것이 좋지만 바로 아래 글을 읽어도 좋습니다. 충분히 본
문을 이해하도록 배려하며 글을 썼습니다. 혹시 본문을 읽으신 분은 감동이 오는 말씀이나
단어 혹은 느낌을 간단히 적으시면 좋습니다.

- -

- -

> "나 이를 악물고 목숨을 내걸고 맞서리라… 이렇게 그의 앞에 나
> 설 수 있음이 곧 나의 구원일는지도 모르는 일, 위선자는 감히 그
> 의 앞에 설 수도 없다네."(공동번역/욥13:14,16)

이토록 자신 있게 하나님께 말하고 있지만 사실 욥은 떨고 있었습니
다. 13장 19절까지가 친구들에게 한 얘기라면 20절부터 시작되는 하나
님께 하는 기도 속에서 그 떨리는 마음을 느낄 수 있습니다.

욥은 하나님께 두 가지 진솔한 기도를 드립니다. 그의 솔직한 심정이
었습니다. 그 첫 번째는 진노를 거두어달라는 탄원이었습니다.

> "당신의 주먹을 거두어주소서. 당신의 진노를 거두시어 두려워
> 떨지 않게 하여 주소서."(공동번역/욥13:21)

두려웠던 것입니다. 담대해 보이지만 욥은 떨고 있었습니다. 그리고
두 번째는 하나님과 직접 대화하고 싶은 간절함이었습니다. 욥이 친구

들 앞에서 하나님께 따지겠다고 말하였지만 그것은 하나님을 의존하는 신앙의 표현이었던 것입니다.

> "그리고 어서 말씀하소서. 서슴없이 답변하겠습니다. 아니면 내가 말씀드리겠사오니 대답하여 주소서."(공동번역/욥13:22)

그렇게 하나님 앞에 서자 욥은 수많은 생각에 사로잡혔습니다. 그러다 욥은 젊은 시절의 죄에 대한 생각에 이르렀습니다. 혹시 그 죄 때문에 지금의 고난이 온 것인가 하는 생각에 이른 것입니다.

> "어찌하여 나에게 괴로움이 될 일들을 기록해 두시고 젊어서 저지른 잘못을 이제 유산으로 물려주십니까?"(공동번역/욥13:26)

이 같은 욥의 생각은 잘못된 것이었지만 민감함의 증거입니다. 분명한 것은 하나님이 그 젊은 날의 죄를 묻고 계신 것은 아니라는 사실입니다. 그러나 민감해지고 정직해지는 것... 고난이 주는 선물이었습니다.

'욥의 입장에서 지금까지 상황들을 상상해보십시오'

* Meditatio 묵상
오늘 말씀을 통하여 깨닫게 된 것을 짧게 적어보십시오

이상한 하나님의 관심

* Lexio 읽기 / 욥기 14:1-6
가능하면 오늘의 본문을 먼저 읽는 것이 좋지만 바로 아래 글을 읽어도 좋습니다. 충분히 본문을 이해하도록 배려하며 글을 썼습니다. 혹시 본문을 읽으신 분은 감동이 오는 말씀이나 단어 혹은 느낌을 간단히 적으시면 좋습니다.

"여인에게서 태어난 사람은 생애가 짧고 걱정이 가득하며"(욥14:1)

사람은 누구인가? 욥이 세 친구와 대화하다가 터져 나온 질문과 대답이었습니다. 그동안 대화를 정리하는 인식이기도 했습니다.

"생애가 짧고 걱정이 가득하다."

욥은 할 말이 없었습니다. 이 짧은 고백은 바로 자신의 이야기였기 때문입니다.

"그는 꽃과 같이 자라나서 시들며 그림자 같이 지나가며 머물지
아니하거늘"(욥14:2)

"시들고 머물지 아니하는 것." 그것이 사람에 대한 욥의 정의였습니다. 이 단순하지만 누구도 쉽게 깨닫지 못하는 진리를 욥이 안 것입니다. 그 순간 욥은 하나님의 태도가 의아하게 느껴졌습니다.

"이와 같은 자를 주께서 눈여겨 보시나이까"(욥14:3)

도대체 이 그림자 같은 자, 시들어 사라지는 꽃 같은 존재에 대한 하나님의 관심의 이유가 무엇인가 하는 질문이 생긴 것입니다. 그전에 수없이 예배를 드리고 기도를 하였을 욥이었지만 지금 고통 가운데서 욥은 이상한 하나님의 관심을 느끼고 있는 것입니다.

욥이 하나님의 시선을 느낀 것입니다. 물론 그 이유를 완전히 깨달은 것은 아니지만 하나님을 느끼고 있는 것입니다. 고통으로 인해 매우 민감해진 감각의 결과였습니다.

이 같은 하나님의 시선이 즐거운 것은 아니었습니다. 그래서 그냥 내버려 두기를 간청합니다. 그런데 이 같은 욥의 얘기가 이상하게 부러운 것은 무슨 이유인지 모르겠습니다.

"그가 품꾼 같이 그의 날을 마칠 때까지 그를 홀로 있게 하옵소서"(욥14:6)

'욥은 하나님을 느끼고 있었습니다. 고통을 당하고 있지만 욥이 부러운 이유입니다. 그렇지 않습니까?'

* Meditatio 묵상
오늘 말씀을 통하여 깨닫게 된 것을 짧게 적어보십시오.

사람이란 말이지

* Lexio 읽기 / 욥기 14:7-14
가능하면 오늘의 본문을 먼저 읽는 것이 좋지만 바로 아래 글을 읽어도 좋습니다. 충분히 본문을 이해하도록 배려하며 글을 썼습니다. 혹시 본문을 읽으신 분은 감동이 오는 말씀이나 단어 혹은 느낌을 간단히 적으시면 좋습니다.

"그는 꽃과 같이 자라나서 시들며 그림자 같이 지나가며 머물지
아니하거늘"(욥14:2)

사라질 그림자 같고 꽃 같은 자신을 바라보는 순간 욥은 눈앞에 보이는 나무가 부러워졌습니다. 나무에게서 희망이 보였습니다.

"나무는 그래도 희망이 있습니다. 찍혀도 다시 피어나 움이 거듭
거듭 돋아납니다."(공동번역/욥14:7)

나무에게서 본 희망은 다시 살아나는 것이었습니다. 죽어 없어지는 것이 아니라 다시 살아나기 때문이었습니다. 이어서 나무를 보던 눈으로 욥이 자신을 보았습니다. 거기에는 아무리 장정 같은 건강함이 존재하더라도 다시 살아날 수 없는 나약함이 있었습니다. 그것을 느낍니다.

"장정이라도 죽으면 소멸되나니... 장정이라도 죽으면 어찌 다시
살리이까"(욥14:10,14)

얼핏 읽으면 부활이 없다는 말로 오해할 수 있지만 그런 의미라기보다는 아무리 장정이라도 소멸되지 않고 스스로 다시 살아날 수 있는 존재가 아니라는 것을 말하고 있는 것입니다.

　　'사람은 스스로 무엇을 할 수 있는 존재가 아니다.'

그래서 더욱 선명하게 하나님이 보였습니다. 하나님 외에는 다른 방법이 없다는 것이 보인 것입니다.

　　"이 몸을 저승에 숨겨 두시지 않으시겠습니까? 당신의 진노가 멎
　　기까지 감추어 두시지 않으시겠습니까? 때를 정해 두셨다가 다
　　시 기억해 주시지 않으시겠습니까?"(공동번역/욥14:13)

어떤 말이 들렸습니다. 우리에게 말하는 욥의 말이었습니다. 부드러웠습니다.

'사람이란 말이지. 저기 바람에 날려가는 꽃잎 같아. 내가 뭘 할 수 있나? 바람에도 흔들려 날아가는데… 그게 사람이야. 그걸 알아야지.'

'이런 욥의 말이 들리십니까?'

* Meditatio 묵상
오늘 말씀을 통하여 깨닫게 된 것을 짧게 적어보십시오.

단순히 슬픈 이유

* Lexio 읽기 / 욥기 14:15-22
가능하면 오늘의 본문을 먼저 읽는 것이 좋지만 바로 아래 글을 읽어도 좋습니다. 충분히 본문을 이해하도록 배려하며 글을 썼습니다. 혹시 본문을 읽으신 분은 감동이 오는 말씀이나 단어 혹은 느낌을 간단히 적으시면 좋습니다.

"장정이라도 죽으면 어찌 다시 살리이까 나는 나의 모든 고난의

날 동안을 참으면서 풀려나기를 기다리겠나이다"(욥14:14)

이 엄청난 하나님의 만지심 속에서 욥이 할 수 있는 것은 '기다림'이었습니다. 정말 놀라운 인식이었습니다. 더욱이 욥은 실재하는 희망을 갖고 있었습니다. 그 고난 속에서도 하나님을 알고 있었기 때문입니다.

"주께서는 나를 부르시겠고 나는 대답하겠나이다 주께서는 주의

손으로 지으신 것을 기다리시겠나이다"(욥14:15)

흔들리지 않는 고백, 욥은 모든 것을 정확하게 알고 있었고 인정하는 하나님의 사람이었습니다. 물론 그가 의롭지 않다는 것도 알고 있었습니다. 자신의 죄를 알고 있었습니다.

"그러하온데 이제 주께서 나의 걸음을 세시오니 나의 죄를 감찰

하지 아니하시나이까"(욥14:16)

그런 욥이 세 친구들에게 자신을 변론하거나 하나님에게 항의하듯이 말하고 있는 것은 자신이 죄가 없다는 뜻이 아니라, 지금 당하는 고난의 이유가 자신이 지은 죄의 삯이라는 것이 이해되지 않은 것뿐입니다. 물론 하나님이 마음을 먹으면 어쩔 수 없는 일이지만 말입니다. 그렇게 이해하였습니다.

> "무너지는 산은 반드시 흩어지고 바위는 그 자리에서 옮겨가고
> 물은 돌을 닳게 하고 넘치는 물은 땅의 티끌을 씻어버리나이다
> 이와 같이 주께서는 사람의 희망을 끊으시나이다"(욥14:18-19)

그래서 욥은 슬프고 아픈 것입니다. 더욱이 왜 주님은 자신의 죄를 감싸주지 않으시는가 하고 아파하면서 말입니다. 예전에 알던 하나님이 아니라고 느낀 것입니다. 그래서 슬프다고 토로하고 있는 것입니다.

> "다만 몸은 아픔으로 절었고 마음은 슬픔에 잠겼습니다."
> (공동번역/욥14:22)

'납득할 수 없는 고난이 올 때가 있습니다. 그 때도 너무 슬퍼하지 마십시오. 그래도 주님을 바라보십시오.'

* Meditatio 묵상
오늘 말씀을 통하여 깨닫게 된 것을 짧게 적어보십시오.

- -

- -

제 4 부

두 번째 논쟁 : 고난은 어렵다

진실한 대면

* Lexio 읽기 / 욥기 15:1–16

가능하면 오늘의 본문을 먼저 읽는 것이 좋지만 바로 아래 글을 읽어도 좋습니다. 충분히 본문을 이해하도록 배려하며 글을 썼습니다. 혹시 본문을 읽으신 분은 감동이 오는 말씀이나 단어 혹은 느낌을 간단히 적으시면 좋습니다.

"데만 사람 엘리바스가 대답하여 이르되 지혜로운 자가 어찌 헛된 지식으로 대답하겠느냐 어찌 동풍을 그의 복부에 채우겠느냐"(욥15:1–2)

자신에 이어 빌닷과 소발과의 대화를 끝까지 들었던 엘리바스가 도무지 참을 수 없었던 것 같습니다. 그래서 4,5장에서 엘리바스의 부드러운 어법은 간데없고 처음 시작부터 이처럼 거칠게 접근한 것입니다. 엘리바스 입장에서 욥은 하나님 앞에 지극히 불경스러운 존재로 보였습니다.

"자네는 신앙심 같은 것은 아예 부숴 버릴 작정인가? 하나님 앞에서 반성하는 일 따위는 안중에도 없고. 그런 말들은 자네의 비뚤어진 마음에서 나오는 것, 자네 혀는 용케도 그럴듯한 말을 골라 내는군!"(공동번역/욥15:4–5)

엘리바스가 가장 강력하게 문제를 삼는 것은 하나님께 대꾸하고 주장하는 욥의 태도였습니다.

"어찌하여 이렇게 진정하지 못하는가? 어찌하여 이렇게 눈을 치
뜨고 극성인가? 어찌하여 하나님과 맞서 화를 내고 입에서 나오
는 대로 그렇게 지껄여대는가?"(공동번역/욥15:12-13)

엘리바스가 생각할 때 인간은 무조건 하나님 앞에서 잠잠해야 하고
따져서는 안 된다고 여긴 것입니다. 그런데 욥은 그렇지 않았던 것입니
다. 사실 우리도 엘리바스의 입장과 같은 입장을 택합니다. 실제로 그
렇습니다. 그런데 욥은 하나님 앞에 직면하고 있었습니다. 결론부터 말
하면 하나님은 엘리바스가 아니라 욥의 손을 들어줍니다. 그러니까 지
금 엘리바스의 주장이 옳지 않다는 말입니다.

사실 하나님은 욥의 태도를 원하십니다. 무조건적이고 인격이 없는
순종이 아니라 싸우고 부딪히고 변론하며 하나님 앞에 나오는 진실한
대면을 원하십니다. 이사야 선지자를 통하여 하시는 하나님의 말씀을
들어봐도 충분히 알 수 있습니다.

"오라 우리가 서로 변론하자 너희의 죄가 주홍 같을지라도 눈과
같이 희어질 것이요 진홍 같이 붉을지라도 양털 같이 희게 되리
라"(사1:18)

'하나님이 아름답지 않습니까?'

* Meditatio 묵상
오늘 말씀을 통하여 깨닫게 된 것을 짧게 적어보십시오.

하나님의 고민

* Lexio 읽기 / 욥기 15:17-35

가능하면 오늘의 본문을 먼저 읽는 것이 좋지만 바로 아래 글을 읽어도 좋습니다. 충분히 본
문을 이해하도록 배려하며 글을 썼습니다. 혹시 본문을 읽으신 분은 감동이 오는 말씀이나
단어 혹은 느낌을 간단히 적으시면 좋습니다.

> "악한 자의 일생은 괴로움의 연속이요 폭력배의 수명은 하루살이
> 라"(공동번역/욥15:20)

엘리바스의 주장은 매우 옳습니다. 악한 자들에 대한 하나님의 심판
하심이 당연하기 때문입니다.

> "그는 부요하지 못하고 재산이 보존되지 못하고 그의 소유가 땅
> 에서 증식되지 못할 것이라 어두운 곳을 떠나지 못하리니 불꽃
> 이 그의 가지를 말릴 것이라 하나님의 입김으로 그가 불려가리
> 라"(욥15:29-30)

그런데 이렇게 쉽게 수학공식처럼 말할 수는 없습니다. 불의한 자들
이, 악한 자들이 이 세상의 부요를 누리며 살기 때문입니다. 그런 사람
들이 너무나도 많기 때문입니다.

더욱이 선한 자들, 의로운 자들이 이 세상에서 고난당하고 슬픔으로

살다가 사라지고 없어지는 경우도 너무나도 많기 때문입니다.

그런 까닭에 엘리바스의 의견은 옳지만 틀린 것입니다.

바로 이런 이유 때문에 하나님은 독생자 예수를 보내신 것입니다. 하나님에게도 쉽지 않은 일이었습니다. 만일 하나님이 수학공식처럼 죄와 심판의 문제를 처리하셨다면 우리 역시 비참한 경험으로 이 세상을 마쳐야 했을지도 모릅니다.

그러므로 예수 그리스도는 하나님의 고민이십니다. 그 분 안에 모든 심판과 공의가 있으면서 모든 사랑과 그리움이 표현되기 때문입니다. 우리가 말하는 바로 '하나님의 은혜'입니다.

> "목을 세우고, 무거운 방패를 들고 감히 하나님께 달려들다니...
> 얼굴에는 개기름이 흐르고 뱃가죽이 두꺼워진 것들"
>
> (공동번역/욥15:26-27)

엘리바스의 표현처럼 이 기막힌 세상과 사람을 향하여 하나님이 사랑으로 직면해야 했으니 말입니다.

'하나님의 은혜로 우리는 삽니다. 얼마나 다행입니까?'

* Meditatio 묵상
오늘 말씀을 통하여 깨닫게 된 것을 짧게 적어보십시오.

- -

- -

하나님이 버리신다면

* Lexio 읽기 / 욥기 16:1-22

가능하면 오늘의 본문을 먼저 읽는 것이 좋지만 바로 아래 글을 읽어도 좋습니다. 충분히 본문을 이해하도록 배려하며 글을 썼습니다. 혹시 본문을 읽으신 분은 감동이 오는 말씀이나 단어 혹은 느낌을 간단히 적으시면 좋습니다.

"하나님의 위로 가지고는 안 되겠단 말인가? 우리의 부드러운 말

가지고는 어림도 없단 말인가?"(공동번역/욥15:11)

엘리바스는 자신들이 욥을 위로하였다고 말합니다. 실제로 엘리바스와 친구들은 처음 욥을 보았을 때 일주일동안이나 재를 뒤집어쓰며 진정 같이 아파했었습니다.

욥은 그 같이 깊은 위로를 보면서 자신의 이야기를 꺼내었던 것입니다. 하지만 엘리바스를 비롯한 친구들은 현재 만난 고난에 대해서는 매우 전형적인 대답으로 욥을 대하였습니다. 소위 인과론에 의한 해석이었습니다. '고난은 죄의 값'이라는 도식이었습니다. 바로 그 순간 친구들이 보였던 위로가 지금의 고통보다 더 쓰라린 재난으로 다가온 것입니다. 그것이 욥의 아픔의 또 다른 내용이었습니다.

"욥이 대답하여 이르되 이런 말은 내가 많이 들었나니 너희는 다

재난을 주는 위로자들이로구나"(욥16:1-2)

물론 가장 큰 고통은 하나님이 허락하신 이 기막힌 고난입니다. 그러나 욥은 엘리바스의 말을 들으면서 더 화가 났습니다. 이 같이 말하는 친구들 앞에서 그냥 내팽개치듯 던져진 자신의 모습이 너무 애처로웠습니다. 이 상황을 초래한 하나님이 미웠습니다.

> "이제 주께서 나를 피로하게 하시고 나의 온 집안을 패망하게 하셨나이다 주께서 나를 시들게 하셨으니 이는 나를 향하여 증거를 삼으심이라"(욥16:7-8)

하나님이 버리신 상황, 그때부터 욥에게 희망은 없는 것이었습니다. 여전히 하나님 외에는 소망이 없는 그는 이제 끝날 일만 남았다고 생각했습니다.

> "나의 친구는 나를 조롱하고 내 눈은 하나님을 향하여 눈물을 흘리니… 수년이 지나면 나는 돌아오지 못할 길로 갈 것임이니라"
> (욥16:20,22)

'알다시피 하나님은 지금 욥이 생각하는 그런 분이 아니십니다. 욥의 경우는 특별한 시험이었습니다. 결코 하나님의 마음도 편하지 않았을 시험 말입니다. 그래서 다행입니다. 그렇지 않습니까?'

* Meditatio 묵상
오늘 말씀을 통하여 깨닫게 된 것을 짧게 적어보십시오.

하나님뿐이었다

* Lexio 읽기 / 욥기 17:1-16

가능하면 오늘의 본문을 먼저 읽는 것이 좋지만 바로 아래 글을 읽어도 좋습니다. 충분히 본
문을 이해하도록 배려하며 글을 썼습니다. 혹시 본문을 읽으신 분은 감동이 오는 말씀이나
단어 혹은 느낌을 간단히 적으시면 좋습니다.

> "나 숨이 꺼져서 수명은 다하고 황천길만 남았는데 조롱꾼이 밀
>
> 려 와 빈정거리니 그 소리에 눈앞이 캄캄해지는구나"
>
> (공동번역/욥17:1-2)

욥은 이 고통의 원인이 하나님인 것을 알고 있었습니다. 일반적인 논
리를 따라 매우 상투적인 방법으로 욥을 정죄하는 친구들의 말을 듣는
것이 무의미하다는 것을 알았습니다. 그럴수록 욥은 하나님께 집중하
였습니다. 하나님 외에는 다른 답이 없다는 것을 알았기 때문입니다.

> "나의 보증을 서줄 이, 당신밖에 없사옵니다. 나의 손을 잡아줄
>
> 이, 또 어디 있겠습니까?"(공동번역/욥17:3)

여기에 욥의 아름다움이 있습니다. 사실 욥 스스로 자신이 죄인이라
는 것을 알고 있었습니다. 하지만 하나님이 자신의 진정성도 알고 있을
것이라고 여겼습니다. 그래서 생긴 신뢰였습니다.

고통 때문에 하나님의 처신을 원망하다가도 하나님을 신뢰하는 모습, 오로지 하나님이 계시다는 것을 아는 욥이 취할 수 있는 유일한 태도였습니다. 일종의 지혜였고 슬기로운 깨달음이었습니다.

> "그러나 의인은 가던 길을 꿋꿋이 가고 손이 깨끗한 이는 차츰 힘
> 이 솟아나는 법, 더 할 말이 있거든, 어서들 와서 말해 보게. 자네
> 들 가운데 과연 슬기를 깨친 자 있을는지"(공동번역/욥17:9-10)

물론 고통을 극복했다는 말은 아닙니다. 고통은 여전히 욥을 죽음으로 이끌었습니다. 엄청난 것이었습니다.

> "무덤에게 너는 내 아버지라, 구더기에게 너는 내 어머니, 내 자
> 매라 할지라도 나의 희망이 어디 있으며 나의 희망을 누가 보겠
> 느냐"(욥17:14-15)

그래도 욥에게는 하나님 밖에 없었습니다. 고난을 받아도, 그리고 죽을지라도 하나님 밖에 없었습니다. 모든 것이었습니다. 하나님뿐이었습니다.

'하나님뿐입니다. 이 사실을 알고 계십니까?'

* Meditatio 묵상
오늘 말씀을 통하여 깨닫게 된 것을 짧게 적어보십시오.

오로지 예수님 때문

* Lexio 읽기 / 욥기 18:1-21
가능하면 오늘의 본문을 먼저 읽는 것이 좋지만 바로 아래 글을 읽어도 좋습니다. 충분히 본문을 이해하도록 배려하며 글을 썼습니다. 혹시 본문을 읽으신 분은 감동이 오는 말씀이나 단어 혹은 느낌을 간단히 적으시면 좋습니다.

"어찌하여 우리를 짐승으로 여기며 부정하게 보느냐 울분을 터뜨리며 자기 자신을 찢는 사람아 너 때문에 땅이 버림을 받겠느냐 바위가 그 자리에서 옮겨지겠느냐"(욥18:3-4)

"우리를 짐승으로 여기느냐!" 빌닷의 이 같이 흥분된 발언은 욥이 엘리바스의 권면을 대하는 태도와 함께 이전에 했던 욥의 발언을 의식했기 때문이었습니다.

"이제 모든 짐승에게 물어 보라 그것들이 네게 가르치리라 공중의 새에게 물어 보라 그것들이 또한 네게 말하리라"(욥의대답/욥12:7)

빌닷의 얘기는 분명했습니다. 악인은 당연히 심판을 받는다는 것이었습니다. 옳은 얘기였습니다.

"악인의 빛은 꺼지고 그의 불꽃은 빛나지 않을 것이요 그의 장막 안의 빛은 어두워지고 그 위의 등불은 꺼질 것이요"(욥18:5-6)

90

악인들이 받을 심판에 대한 매우 당연한 얘기였습니다. 하지만 빌닷의 얘기는 틀린 얘기였습니다. 그것의 유일한 이유는 욥은 빌닷이 말하는 것처럼 악인이 아니었기 때문입니다.

우리가 18장을 읽으면서 악인들의 종말에 대한 힌트를 얻을 수 있을지 모릅니다. 그래도 옳지 않습니다.

분명 악의 심판에 대한 것으로 강조할 수는 있어도 마치 평범한 시민 앞에서 살인범이 받을 사형에 대한 내용과 방법을 장황하게 설명할 필요는 없는 것과 같습니다. 그런 의미에서 빌닷의 주장은 쓸데없고 시의 적절하지 않은 설명이라 할 수 있습니다.

우리가 악의 결과에 대한 지식은 가질 수 있습니다. 그러나 성숙함이란 그 악에 대한 지식으로 하나님을 믿는 것이 아니라 은혜와 사랑에 대한 반응에서 나온 의존으로써 믿는 것입니다.

'주님을 믿는 이유는 무엇입니까? 오로지 예수님 때문 아닙니까? 하나님의 무조건적인 사랑 때문 아닙니까?'

* Meditatio 묵상
오늘 말씀을 통하여 깨닫게 된 것을 짧게 적어보십시오.

고난 당하는 자와 함께

* Lexio 읽기 / 욥기 19:1-15

가능하면 오늘의 본문을 먼저 읽는 것이 좋지만 바로 아래 글을 읽어도 좋습니다. 충분히 본
문을 이해하도록 배려하며 글을 썼습니다. 혹시 본문을 읽으신 분은 감동이 오는 말씀이나
단어 혹은 느낌을 간단히 적으시면 좋습니다.

- -

- -

> "자네들은 언제까지 나를 괴롭히려는가? 언제까지 나를 말로 욱
> 박지르려는가? 이렇듯이 거듭거듭 모욕하고 들볶으면서 미안하
> 지도 않은가?"(공동번역/욥19:2-3)

욥의 한결같은 주장은 자신이 억울하다는 말이었습니다. 이 같은 고
통의 원인은 전적으로 자신의 죄 때문만이 아니라 무슨 이유인지는 몰
라도 하나님이 이끌고 계시다는 것이었습니다.

> "억울하다고 소리쳐도 아무 대답이 없고 호소해 보아도 시비를
> 가릴 법이 없네. 넘을 수 없는 담을 쌓아 내 앞을 막는 이도 그요,
> 어둠으로 나의 앞길을 가리는 이도 그가 아니신가?"
>
> (공동번역/욥19:7-8)

고난의 자리입니다. 한 가지 분명한 것은 모든 고통이 자신의 죄로
인해 오는 것이 아닐 수 있다는 것입니다. 고난이 하나님이 일하시는
통로일 수도 있기 때문입니다. 욥기가 그것을 증명합니다.

우리는 욥기를 읽으면서 매우 중요한 것을 깨닫게 됩니다. 그것은 고난 받는 자들을 위로하는 것의 아름다움입니다. 우리는 일반적으로 고난 당하는 자들과 함께 하지 않습니다. 엘리바스, 빌닷 그리고 소발처럼 죄로 인한 징계로 이해하고 싶어 합니다. 아니, 모든 사람들이 그렇게 접근하고 싶어 합니다.

> "동기들마저 떠나가고 친지들마저 외면하는 이 신세, 친척과 벗
> 들은 모르는 체하고 나의 집 식객마저 나를 잊었네. 계집종들도
> 나를 낯선 사람으로 대접하니 내가 그들에게 뜨내기로 보이더란
> 말인가?"(공동번역/욥19:13-15)

어쩌면 욥기를 허락하신 하나님의 마음은 우리의 편의주의적이고 자기중심적인 고난 이해 때문인지도 모릅니다. 우리에게 필요한 것은 고난 당하는 자들과 함께 하는 것입니다. 혹시 속는 것이라 할지라도 고난 당하는 이와 함께 하는 것이 불의한 일이라고 주님이 정죄하시겠습니까? 더욱이 주님이 고난당하신 이유가 죄인들을 위한 것이니 더욱 그렇지 않겠습니까?

'고난 당하는 자와 함께 울어본 적이 있습니까?'

* Meditatio 묵상
오늘 말씀을 통하여 깨닫게 된 것을 짧게 적어보십시오.

마치 하나님이 된 것처럼

* Lexio 읽기 / 욥기 19:16-22

가능하면 오늘의 본문을 먼저 읽는 것이 좋지만 바로 아래 글을 읽어도 좋습니다. 충분히 본
문을 이해하도록 배려하며 글을 썼습니다. 혹시 본문을 읽으신 분은 감동이 오는 말씀이나
단어 혹은 느낌을 간단히 적으시면 좋습니다.

"내가 내 종을 불러도 대답하지 아니하니 내 입으로 그에게 간청
하여야 하겠구나 내 아내도 내 숨결을 싫어하며 내 허리의 자식
들도 나를 가련하게 여기는구나"(욥19:16-17)

완벽히 버림받은 욥의 실제적인 고통은 그동안 살던 세상으로부터의
버림 때문에 증폭되었습니다. "내 아내도 내 숨결을 싫어하여" 그는 이
미 죽은 자가 된 것입니다. 욥은 숨을 쉬지 말아야 하는 존재였습니다.

욥은 고난과 아픔에 대한 무조건적인 편견을 당하고 있었습니다. 친
구들도 역시 욥의 편이 아니었습니다.

"나의 가까운 친구들이 나를 미워하며 내가 사랑하는 사람들이
돌이켜 나의 원수가 되었구나 내 피부와 살이 뼈에 붙었고 남은
것은 겨우 잇몸 뿐이로구나"(욥19:19-20)

그렇다면 왜 친구들이 욥을 이렇게 대하는 것입니까? 그 고통 중에

있는 것을 뻔히 보면서 말입니다. 욥의 말에서 그 이유를 보게 됩니다.

> "너희가 어찌하여 하나님처럼 나를 박해하느냐 내 살로도 부족
> 하냐"(욥19:22)

"하나님처럼" 박해하다. 우리는 누군가의 고통을 보면 급히 자신을 위로하려는 시스템을 가동합니다. 그러니까 내가 죄를 범하고 있음에도 불구하고 고통을 당하지 않는 이유가 나의 죄가 간과되고 있거나 혹은 용서 받을만한 것이거나 얄팍한 회개기도로 용서되었다고 생각하기 때문일지도 모릅니다.

그런 까닭에 현저하게 드러난 타인의 죄를 보며 심판을 주장하거나 혹은 어떤 이가 형벌을 받는 것을 보면서 자신을 변호하고 위로하는 것입니다. 그리고 자신의 죄가 하찮은 것임을 말하기 위하여 "하나님처럼" 가혹하게 죄의 삯을 주장하는 것입니다. 정말로 하나님이 그렇게 대하지 않으신다는 것을 암묵적으로 알면서도 말입니다. 정말로 죄 된 우리에게 신속한 형벌을 하지 않는 것을 보면서 이미 알고 있는 사실인데도 말입니다.

'마치 하나님이 된 것처럼 정죄하는 것을 즐거워하지 마십시오. 오히려 하나님이 하신 것처럼 용서하기를 즐겨하십시오.'

* Meditatio 묵상
오늘 말씀을 통하여 깨닫게 된 것을 짧게 적어보십시오.

박해자가 변호인이 된다

* Lexio 읽기 / 욥기 19:23-29
가능하면 오늘의 본문을 먼저 읽는 것이 좋지만 바로 아래 글을 읽어도 좋습니다. 충분히 본문을 이해하도록 배려하며 글을 썼습니다. 혹시 본문을 읽으신 분은 감동이 오는 말씀이나 단어 혹은 느낌을 간단히 적으시면 좋습니다.

"나의 친구야 너희는 나를 불쌍히 여겨다오 나를 불쌍히 여겨다
오 하나님의 손이 나를 치셨구나 너희가 어찌하여 하나님처럼 나
를 박해하느냐"(욥19:21-22)

'하나님의 박해' 그것은 견딜 수 없는 것이었습니다. 그리고 매우 현저하게 하나님으로부터 나온 것이었습니다. 욥은 이 기막힌 상황을 모두 자세하게 기록하고 싶었습니다. 나중에 자신의 억울함을 말할 수 있을 때 제시하고 싶었던 것입니다.

"나의 말이 곧 기록되었으면, 책에 씌어졌으면, 철필과 납으로 영
원히 돌에 새겨졌으면 좋겠노라"(욥19:23-24)

하나님으로부터 온 박해에 대하여 언젠가는 이 억울함과 아픔을 호소하고 싶었습니다. 그런데 우리가 누차 살펴온 것이지만 그 호소의 대상, 곧 자신을 변호해 줄 대상은 하나님이라고 욥은 고백합니다. '박해자가 변호인이 된다?' 참 이상한 그림입니다.

"나는 믿는다, 나의 변호인이 살아 있음을! 나의 후견인이 마침내
땅 위에 나타나리라."(공동번역/욥19:25)

이상하게 보일지 몰라도 욥에게 하나님만이 하나님이셨던 것입니다.
이해할 수 없는 고난 앞에 있을지라도 하나님을 부정할 마음이 없었습
니다. 아무리 고난의 원인이고 박해의 근원이라도 하나님 외에는 갈 곳
이 없다는 신앙고백이었습니다. 그래서 하나님이 이렇게 말씀하신 것
입니다.

"네가 내 종 욥을 주의하여 보았느냐 그와 같이 온전하고 정직하
여 하나님을 경외하며 악에서 떠난 자는 세상에 없느니라"(욥1:8)

어떤 의미에서 욥은 부활의 확신을 가진 사람이었습니다. 그의 고백
에 진하게 배어있었습니다.

"내 육체의 가죽이 썩은 후에는 내가 육체 밖에서 하나님을 볼 것
이며 그 때에는 내 눈이 그를 보아도 낯선 사람처럼 하지 않을 것
이니 내 마음이 한없이 설레는구나!"(현대인의성경/욥19:26-27)

'어떤 상황에서도 하나님은 나의 하나님이심을 고백하십니까? 그런
신앙이십니까?'

* Meditatio 묵상
오늘 말씀을 통하여 깨닫게 된 것을 짧게 적어보십시오.

가난해도 행복한 것이다

* Lexio 읽기 / 욥기 20:1-29

가능하면 오늘의 본문을 먼저 읽는 것이 좋지만 바로 아래 글을 읽어도 좋습니다. 충분히 본
문을 이해하도록 배려하며 글을 썼습니다. 혹시 본문을 읽으신 분은 감동이 오는 말씀이나
단어 혹은 느낌을 간단히 적으시면 좋습니다.

"악인이 이긴다는 자랑도 잠시요 경건하지 못한 자의 즐거움도
잠깐이니라 그 존귀함이 하늘에 닿고 그 머리가 구름에 미칠지라
도 자기의 똥처럼 영원히 망할 것이라"(욥20:5-7)

구구절절이 소발의 대답은 옳습니다. 단 한 가지 그것의 적용을 욥에
게 한 것만 잘못 된 것처럼 보입니다. 하지만 자세히 살펴보면 소발의
주장이 얼마나 위험한지 드러납니다. 교만의 원인입니다.

우리가 지금까지 읽은 것처럼 아무리 욥이 자기를 하소연하여도 정
말 견고하게 친구들은 고난과 패망이 죄로 인한 하나님의 징계라는 주
장을 굽히지 않습니다.

이 지점에서 교만이 생기는 것입니다. 요즈음 교회와 크리스천들이
교만해진 이유는 거슬러 올라가면 하나님의 은혜와 축복 때문일 수도
있습니다. 부요와 성공은 하나님의 축복이고, 가난과 실패는 하나님 앞
에 옳지 않았기 때문이라는 번영신학의 적용 때문입니다. 결국 물질적

으로 풍요롭지 못하거나 잘 되지 못한 삶을 심판의 증거로 쓰기 좋아하게 된 것입니다.

> "하나님의 진노가 터지는 날, 그의 집은 홍수에 쓸려가고 말 것일세. 죄인이 하나님에게서 받을 분깃은 바로 이것, 이것이 하나님에게 물려받을 유산 아닌가?"(공동번역/욥20:28-29)

이제 두려운 것은 우리의 교만을 징계하시기 위하여 우리가 그리 좋아하는 물질과 성공을 거두어가실지도 모른다는 것입니다. 어쩌면 한국 교회의 붕괴와 지도자로 살던 목사들의 몰락이 그 전조인지도 모릅니다.

어쩌면 가난과 청빈함, 단순한 삶과 단촐한 위치가 좋은 것일지도 모릅니다. 세상의 것이 삶의 목적으로 자리 잡지 않기 때문입니다. 물질적이고 성공주의적인 세계관에서 벗어나 소박한 자유를 누릴 수 있기 때문입니다. 돌아보면 우리는 너무 세상의 잘못된 가르침에 기울어져 있기에 그렇습니다.

'가난해도 행복한 것입니다. 하나님의 징계가 아닙니다. 그렇지 않습니까?'

* Meditatio 묵상
오늘 말씀을 통하여 깨닫게 된 것을 짧게 적어보십시오.

믿고 있다는 사실이 행복하다

* Lexio 읽기 / 욥기 21:1–16
가능하면 오늘의 본문을 먼저 읽는 것이 좋지만 바로 아래 글을 읽어도 좋습니다. 충분히 본
문을 이해하도록 배려하며 글을 썼습니다. 혹시 본문을 읽으신 분은 감동이 오는 말씀이나
단어 혹은 느낌을 간단히 적으시면 좋습니다.

> "하나님의 진노가 터지는 날, 그의 집은 홍수에 쓸려가고 말 것일
> 세. 죄인이 하나님에게서 받을 분깃은 바로 이것, 이것이 하나님
> 에게 물려받을 유산 아닌가?"(공동번역/욥20:28–29)

욥 역시 이 같은 소발의 의견에 동의하고 싶었습니다. 하지만 현실은
그렇지 않았습니다. 기막히게도 불의하고 악한 자들이 쉽게 망하지 않
기 때문입니다.

> "나도 그 생각만 하면, 미칠 것 같네. 몸에 소름이 다 끼치네. 악
> 한 자들이 오래 살며 늙을수록 점점 더 건강하니 어찌 된 일인
> 가?"(공동번역/욥21:6–7)

욥이 볼 때 악한 자들은 오히려 더 건강하고 더 잘 먹고 장수하며 살
다가 죽는 것이었습니다. 그런 사실들이 그를 더 괴롭게 하는 것인데,
소발과 친구들은 복장 터지는 원칙만 나불거리고 있는 것입니다.

"악한 자들이 오래 살며 늙을수록 점점 더 건강하니 어찌 된 일인
가?... 일생 행복하게 지내다가 고요히 지하로 내려가더군"
(공동번역/욥21:7,13)

더욱이 소발처럼 심판과 징계, 소위 '예수 천당 불신 지옥'을 외치면
그들은 '너나 천국 가, 난 지옥 갈 테니'라고 대답합니다. 그리고 평생
을 잘 먹고 잘 삽니다.

"우리 앞에서 비키시오. 당신의 가르침 따위는 알고 싶지도 않소.
전능하신 분이 다 무엇인데 그를 섬기며 무슨 먹을 것이 있겠다
고 그에게 빌랴!"(공동번역/욥21:14-15)

욥의 직설적 화법은 우리가 주의해서 들어야 할 부분입니다. 우리
에게도 지금 벌어지고 있는 일이고 생각해야 할 부분이기 때문입니다.

순간 이해하기 어려워보여도 이 같은 현상에 대하여 요한계시록과 베
드로후서는 명확하게 그 이유를 말합니다. '오래 참으심'과 '멸망 받지 않
기를 바라는 하나님의 의지'입니다. 달리 설명할 방법이 없을 뿐 아니라
이 같은 하나님의 은혜가 지금 우리가 구원받은 이유이기 때문입니다.

'믿음은 물질적인 것이 아닙니다. 그렇다면 지금 주님을 믿고 있다는
사실이 행복하지 않습니까?'

* Meditatio 묵상
오늘 말씀을 통하여 깨닫게 된 것을 짧게 적어보십시오.

- -

- -

고난은 어렵다

* Lexio 읽기 / 욥기 21:17-34
가능하면 오늘의 본문을 먼저 읽는 것이 좋지만 바로 아래 글을 읽어도 좋습니다. 충분히 본문을 이해하도록 배려하며 글을 썼습니다. 혹시 본문을 읽으신 분은 감동이 오는 말씀이나 단어 혹은 느낌을 간단히 적으시면 좋습니다.

> "이러한 악인의 등불이 자주 꺼지던가? 재난이 그에게 떨어지던가? 하나님께서 진노하시어 벌을 내리시던가?"(공동번역/욥21:17)

실제로 우리가 현재 살고 있는 세상을 볼 때에 악인에게만 현저하게 징계가 내리는 것 같지는 않습니다. 드디어 욥이 매우 작심한 얘기를 꺼냅니다. 공동번역이 매우 사실적으로 번역했기에 그 문장 전체를 인용하겠습니다.

> "그들은 바람에 날리는 검불과 같으며 삽시간에 폭풍에 쓸려 가는 지푸라기와 같다고 하지만, '하나님께서는 아비에게 줄 벌을 남겨두셨다가 그 자식들에게 내리신다.' 하지만 그게 어디 될 말인가? 본인이 받을 줄로 알아야지. 제 파멸은 제 눈으로 보아야 하고 전능하신 분께서 내리시는 사약은 본인이 마셔야지."
>
> (공동번역/21:18-20)

사실 더 치명적인 이야기가 이 말에 이어집니다.

"살 만큼 살고 죽은 뒤에 집안이 어찌 된들 무슨 상관이 있겠는
가? 그러나 하늘 높은 곳에 있는 자들을 심판하시는 하나님, 그
분을 깨우쳐드릴 사람이 어디에 있으랴?"(공동번역/욥21:21~22)

얼마나 욥이 화가 났는지 금방 알 수 있습니다. 그런 그에게 그 전형
적인 인과론적인 주장과 강요, 심지어 협박에 가까운 폭언을 듣고 있
던 욥이 소발과 친구들에게 화를 내는 것은 당연한 일이었습니다. 더욱
이 친구들은 욥이 어떤 존재인지를 다 알 텐데도 그와 같은 주장을 하
기 때문이었습니다.

"자네들 속을 나는 잘 알고 있네. 나를 때려잡을 것처럼 무슨 꿍
꿍이속인가?"(공동번역/욥21:27)

물론 욥이 지적하고 있는 대상은 친구들이지만 욥의 마음에는 여전
히 이해할 수 없는 하나님이 계셨습니다. 도무지 이해할 수 없었습니
다. 사실 전체적인 내용을 알고 하나님의 의도를 알고 이 이야기를 읽
는 우리에게도 쉬운 일이 아니기 때문입니다.

'고난은 언제나 어려운 질문입니다. 고난이 하나님에게 더 집중하게
하지만 말입니다. 그렇지 않습니까?'

* Meditatio 묵상
오늘 말씀을 통하여 깨닫게 된 것을 짧게 적어보십시오

제 5 부

세 번째 논쟁 : 편리한 지식

사람이 어찌 하나님께 유익하게 하겠느냐

* Lexio 읽기 / 욥기 22:1-3
가능하면 오늘의 본문을 먼저 읽는 것이 좋지만 바로 아래 글을 읽어도 좋습니다. 충분히 본문을 이해하도록 배려하며 글을 썼습니다. 혹시 본문을 읽으신 분은 감동이 오는 말씀이나 단어 혹은 느낌을 간단히 적으시면 좋습니다.

"사람이 어찌 하나님께 유익하게 하겠느냐... 네가 의로운들 전
능자에게 무슨 기쁨이 있겠으며 네 행위가 온전한들 그에게 무슨
이익이 되겠느냐"(욥22:2-3)

욥의 세 친구들이 한 얘기들 중에서 개인적으로 가장 기막히게 들린 이야기가 이 말씀입니다.

"사람이 어찌 하나님께 유익하게 하겠느냐."

당연히 하나님은 스스로 존재하시며, 스스로 완벽하신 존재이시기 때문입니다. 그러므로 인간은 하나님에게 어떤 덕을 끼칠 수 없습니다. 그런 점에서 분명히 옳은 주장입니다.

그런데 성경에는 이상한 이야기들이 나옵니다. 예를 들어 오병이어 사건 같은 경우입니다. 주님이 오천 명을 먹이신 사건의 시작은 어린 아이가 가지고 온 보리떡 다섯 개와 물고기 두 마리였습니다. 그 어린

아이가 가지고 온 떡과 고기가 유익했던 것입니다.

분명히 주님은 그 떡과 고기가 없어도 오천 명을 먹이실 수 있는 분이시지만 그리 하지 않으셨습니다. 엘리바스 의견의 부족한 부분입니다.

주님이 부활하신 후 디베랴 바다로 나간 베드로와 제자들을 찾아오셔서 고기를 잡도록 역사하신 장면은 두고두고 감동적입니다. 알다시피 베드로가 해변으로 올라왔을 때 주님은 떡과 고기를 굽고 계셨습니다. 그리고 이어 하시는 말이 기막혔습니다.

"지금 잡은 생선을 좀 가져오라"(요21:10)

우리의 어떤 행위도 하나님께 덕을 끼칠 수 없습니다. 분명히 엘리바스의 주장이 옳습니다. 그런데 주님이 그 원칙을 깨고 계신 것입니다. 우리가 가지고 온 오병이어와 우리가 잡아온 고기가 필요하시다는 것입니다. 참 기막힌 하나님이십니다.

'우리는 무익하지만 그 분은 우리를 필요로 하십니다. 짜릿하지 않습니까?'

---

* Meditatio 묵상
오늘 말씀을 통하여 깨닫게 된 것을 짧게 적어보십시오.

쉽게 빠져드는 유혹

* Lexio 읽기 / 욥기 22:4-30

가능하면 오늘의 본문을 먼저 읽는 것이 좋지만 바로 아래 글을 읽어도 좋습니다. 충분히 본문을 이해하도록 배려하며 글을 썼습니다. 혹시 본문을 읽으신 분은 감동이 오는 말씀이나 단어 혹은 느낌을 간단히 적으시면 좋습니다.

> "사람이 어찌 하나님께 유익하게 하겠느냐... 네가 의로운들 전
> 능자에게 무슨 기쁨이 있겠으며 네 행위가 온전한들 그에게 무슨
> 이익이 되겠느냐"(욥22:2-3)

엘리바스의 논지는 우리의 어떤 것도 하나님에게 덕을 끼칠 수 없다는 의미였습니다. 그리고 이 논지는 더 발전되어 우리가 했던 어떤 행위도 하나님을 좌우할 수 없다는 결론에 이릅니다.

그러므로 엘리바스 주장의 핵심은 지금 욥이 만나고 있는 고통이 온전히 욥의 죄와 불의함 때문일 것이라고 말합니다. 드디어 엘리바스가 소설을 쓰기 시작합니다. 자기 논리에 따른 끔찍한 억측이었습니다.

> "네 악이 크지 아니하냐 네 죄악이 끝이 없느니라 까닭 없이 형제
> 를 볼모로 잡으며 헐벗은 자의 의복을 벗기며 목마른 자에게 물
> 을 마시게 하지 아니하며 주린 자에게 음식을 주지 아니하였구나
> 권세 있는 자는 토지를 얻고 존귀한 자는 거기에서 사는구나 너

는 과부를 빈손으로 돌려보내며 고아의 팔을 꺾는구나"(욥22:5~9)

기막힌 엘리바스의 상상력입니다. 욥의 변명과 주장을 보면서 부드
럽게 주장하던 엘리바스가 이토록 엄청난 억측을 한 것입니다. 이해할
수 없는 상상력입니다.

사실 이 같은 상상력과 억측에 의한 정죄와 주장은 오늘 우리 사회에
서 쉽게 찾아볼 수 있습니다. 아무리 상대방이 밉더라도 죄가 드러나기
전까지 그를 정죄하지 않는 것이 옳습니다.

그러나 엘리바스의 이 같은 주장은 욥을 정죄하기 위함이었고 자신
의 주장을 정당화하기 위함이었습니다. 우리 역시 쉽게 빠져드는 유혹
이기도 합니다.

"그러고도 어찌 올가미를 벗어나며 갑자기 덮치는 무서운 일을
피할 수 있겠는가? 어둠이 밀려오면 앞이 캄캄해지고 홍수에 휘
말리는 것도 그 때문이 아닌가?"(공동번역/욥22:10~11)

'가끔은 우리의 억측에 의한 정죄를 멈추고 조용히 그의 입장에서 생
각하는 태도가 필요합니다.'

* Meditatio 묵상
오늘 말씀을 통하여 깨닫게 된 것을 짧게 적어보십시오.

나를 향한 하나님의 계획

* Lexio 읽기 / 욥기 23:1-10
가능하면 오늘의 본문을 먼저 읽는 것이 좋지만 바로 아래 글을 읽어도 좋습니다. 충분히 본문을 이해하도록 배려하며 글을 썼습니다. 혹시 본문을 읽으신 분은 감동이 오는 말씀이나 단어 혹은 느낌을 간단히 적으시면 좋습니다.

> "욥이 대답하여 이르되 오늘도 내게 반항하는 마음과 근심이 있
>
> 나니 내가 받는 재앙이 탄식보다 무거움이라"(욥23:1-2)

친구들의 공격적 권면 앞에 늘 토를 달며 변호하던 욥의 반응이었지만, 엘리바스에게 하는 것은 아니었습니다. 직접 하나님에게로 향하였습니다. 더 이상 친구들에게 반응하는 것이 무의미하다고 느낀 것으로 보입니다.

> "내가 어찌하면 하나님을 발견하고 그의 처소에 나아가랴 어찌하
>
> 면 그 앞에서 내가 호소하며 변론할 말을 내 입에 채우고 내게 대
>
> 답하시는 말씀을 내가 알며 내게 이르시는 것을 내가 깨달으랴"
>
> (욥23:3-5)

가끔 우리는 사람들의 인정을 받고 사람이 죄 없다 혹은 잘했다는 칭찬을 받고 싶어 합니다. 그럴 수 있습니다. 하지만 심각한 잘못에 빠질 수도 있습니다. 사람들의 칭찬이나 잘못이 아니라는 옹호가 진실을 덮

지는 못하기 때문입니다. 내가 잘못한 것은 잘못한 것이고, 죄는 죄이기 때문입니다. 욥이 바로 이것을 깨달은 것입니다.

드디어 욥이 고통 앞에서 고통을 만난 것입니다. 하나님 앞에 진실로 선 것입니다. 단독자로서 말입니다. 처음 일주일동안 자신과 함께 통곡하던 친구들로부터 얻고자 기웃거렸던 모든 것들이 물거품이라는 것을 알게 된 순간부터였습니다.

아직도 하나님의 뜻을 알 길은 없습니다. 그러나 하나님은 분명 계시고 이 고난에 대한 하나님의 뜻이 있음을 욥은 알기 시작한 것입니다.

> "그런데 내가 앞으로 가도 그가 아니 계시고 뒤로 가도 보이지 아니하며 그가 왼쪽에서 일하시나 내가 만날 수 없고 그가 오른쪽으로 돌이키시나 뵈올 수 없구나"(욥23:8-9)

마침내 이 기막힌 고백에 이릅니다.

> "그러나 내가 가는 길을 그가 아시나니 그가 나를 단련하신 후에는 내가 순금 같이 되어 나오리라"(욥23:10)

'하나님이 아십니다. 그것을 믿으십니까?'

* Meditatio 묵상
오늘 말씀을 통하여 깨닫게 된 것을 짧게 적어보십시오.

하나님의 계획이 있겠지만

* Lexio 읽기 / 욥기 23:10–17
가능하면 오늘의 본문을 먼저 읽는 것이 좋지만 바로 아래 글을 읽어도 좋습니다. 충분히 본
문을 이해하도록 배려하며 글을 썼습니다. 혹시 본문을 읽으신 분은 감동이 오는 말씀이나
단어 혹은 느낌을 간단히 적으시면 좋습니다.

"그러나 내가 가는 길을 그가 아시나니 그가 나를 단련하신 후에
는 내가 순금 같이 되어 나오리라"(욥23:10)

사탄이 하나님께 "욥이 어찌 까닭 없이 하나님을 경외하리이까"(욥1:9)
라고 말하였을 때 하나님이 끄떡없이 사탄의 제안을 받아들인 것은 하
나님이 욥을 알고 있었기 때문입니다. 오늘 이 고백을 하는 욥을 알고
있었던 것입니다.

욥의 이 같은 고백은 그의 삶으로 인한 결과적 고백이었습니다. 최소
한 욥은 하나님의 사람으로 최선의 경주를 해왔던 것입니다.

"내 발이 그의 걸음을 바로 따랐으며 내가 그의 길을 지켜 치우
치지 아니하였고 내가 그의 입술의 명령을 어기지 아니하고 정한
음식보다 그의 입의 말씀을 귀히 여겼도다"(욥23:11–12)

그래도 '인간은 죄인이 아닌가' 라는 물음으로 모든 것을 덮으려고 몰
아붙였어도 욥은 하나님이 그렇게 원칙이 없고 무모한 분이 아니라는

것을 알고 있었습니다. 그동안 살아온 자신의 삶의 진정성을 하나님이 아실 것을 믿었던 것입니다.

그러므로 이 같은 일이 벌어지고 있는 것은 하나님의 특별한 계획이 있기 때문이라는 것을 확신한 것입니다.

> "그는 뜻이 일정하시니 누가 능히 돌이키랴 그의 마음에 하고자
> 하시는 것이면 그것을 행하시나니 그런즉 내게 작정하신 것을 이
> 루실 것이라"(욥23:13-14)

그런데 단지 두려운 것뿐이었습니다. 하나님의 계획을 믿지만 고통은 고통이었습니다. 의로운 자에게도 고통은 고통이고, 선한 마음을 가진 자에게도 고통은 고통이기 때문입니다. 그런데 가슴 한 구석에서 자신의 잘못과 죄에 대한 묵상이 계속되었습니다. 의로운 자여도 생기는 불안과 죄의식이었습니다.

> "하나님이 나의 마음을 약하게 하시며 전능자가 나를 두렵게 하
> 셨나니 이는 내가 두려워하는 것이 어둠 때문이나 흑암이 내 얼
> 굴을 가렸기 때문이 아니로다"(욥23:16-17)

'그래도 하나님의 계획을 믿으셔야 합니다. 아셨죠?'

* Meditatio 묵상
오늘 말씀을 통하여 깨닫게 된 것을 짧게 적어보십시오.

깨달음이 오다

* Lexio 읽기 / 욥기 24:1-12
가능하면 오늘의 본문을 먼저 읽는 것이 좋지만 바로 아래 글을 읽어도 좋습니다. 충분히 본문을 이해하도록 배려하며 글을 썼습니다. 혹시 본문을 읽으신 분은 감동이 오는 말씀이나 단어 혹은 느낌을 간단히 적으시면 좋습니다.

"네 악이 크지 아니하냐 네 죄악이 끝이 없느니라 까닭 없이 형제
를 볼모로 잡으며 헐벗은 자의 의복을 벗기며 목마른 자에게 물
을 마시게 하지 아니하며 주린 자에게 음식을 주지 아니하였구나
권세 있는 자는 토지를 얻고 존귀한 자는 거기에서 사는구나 너
는 과부를 빈손으로 돌려보내며 고아의 팔을 꺾는구나"(욥22:5-9)

엘리바스의 이 공격은 기막힌 것이었습니다. 세 친구들이 일방적인
자기주장으로 욥을 끝없이 공격하다가 급기야는 억측으로 욥을 몰아붙
이기 시작한 것입니다.

이 기막힌 공격적인 억측을 듣다가 욥이 더 이상 대화하기를 멈췄습
니다. 당연히 상대할만한 가치가 없어서였지만 더 치명적인 이유는 어
떤 깨달음 때문이었습니다. 그 순간 오히려 욥이 엘리바스를 비롯한 친
구들이 하던 논조를 이어 하기 시작했습니다.

"어떤 사람은 땅의 경계표를 옮기며 양 떼를 빼앗아 기르며 고아의
나귀를 몰아 가며 과부의 소를 볼모 잡으며 가난한 자를 길에서 몰
아내나니 세상에서 학대 받는 자가 다 스스로 숨는구나"(욥24:2-4)

114

2절에서 16절까지 매우 구체적으로 욥은 사람들이 무고하게 당하는
고난에 대하여 기술하였습니다.

> "아비 없는 자식을 젖가슴에서 떼어 내고 빈민의 젖먹이를 저당
> 잡아도 괜찮은가, 걸칠 옷도 없이 알몸으로 나들이를 해야 하고
> 빈 창자를 움켜 잡고 남의 곡식단을 날라야 하는 신세"
>
> (공동번역/욥24:9-10)

자신의 고통의 부당함을 토로하던 욥에게 갑작스러운 깨달음이 온
것입니다. 이 억울하고 부당한 고통을 당하는 사람은 자신만이 아니라
는 깨달음이었습니다. 이 기막힌 깨달음의 지점을 구스타보 구티에레
즈는 이렇게 말합니다.

> "이 과정에서 그는 자신이 부당한 고통의 아픔을 경험한 단 한 사
> 람이 아니라는 것을 깨달았을 때 그는 중요한 관점에 도달한다.
> 이 세상의 가난한 자들은 그와 함께 배를 탄 것이다."
>
> (구스타보 구티에레즈, 욥기, 나눔사, 89)

드디어 하나님의 마음을 알기 시작한 것입니다.

'고난은 축복입니다. 생각해보십시오.'

* Meditatio 묵상
오늘 말씀을 통하여 깨닫게 된 것을 짧게 적어보십시오.

가령 그렇지 않을지라도

* Lexio 읽기 / 욥기 24:13-25

가능하면 오늘의 본문을 먼저 읽는 것이 좋지만 바로 아래 글을 읽어도 좋습니다. 충분히 본문을 이해하도록 배려하며 글을 썼습니다. 혹시 본문을 읽으신 분은 감동이 오는 말씀이나 단어 혹은 느낌을 간단히 적으시면 좋습니다.

"성 중에서 죽어가는 사람들이 신음하며 상한 자가 부르짖으나

하나님이 그들의 참상을 보지 아니하시느니라"(욥24:12)

부당한 고통, 그것은 욥에게만 있는 것이 아니었습니다. 갑자기 그 엄청나고 부당한 고통들이 욥의 눈에 보이기 시작하였습니다. 자기 자신에게 초점된 고통의 문제가 이 세상 사람들에게로 옮겨가기 시작한 것입니다.

욥은 이 부당하고 이해할 수 없는 고통을 토로했었습니다. 그것은 불의한 자들의 번영 때문이었습니다. 견딜 수 없는 것이었습니다.

"나도 그 생각만 하면, 미칠 것 같네. 몸에 소름이 다 끼치네. 악한 자들이 오래 살며 늙을수록 점점 더 건강하니 어찌 된 일인가? 자식들이 든든히 자리를 잡고 후손들이 잘사는 것을 보며 흐뭇해 하지 않는가?"(공동번역/욥21:6-8)

이처럼 엘리바스와 친구들이 주장하던 주장들, 인과론에 입각한 주장들이 얼마나 가벼운 것인가에 대하여 문제점을 지적하며 고민해왔던 욥이 깨달음에 이른 것입니다.

고난이 단순해지지 않은 것입니다. 드디어 욥은 왜 이런 부당한 고난이 일어나야 하는지를 물으면서 동시에 자신이 당하는 고난을 마냥 불평할 수 없다는 것을 알게 된 것입니다. 구티에레즈의 어법을 따라 표현하면 이렇습니다. '이 세상의 고통당하는 자들과 비로소 친구가 되다.'

놀랍게도 그 수많은 날 동안 엄청난 부요를 누리며 살아왔던 욥이 이 끔찍한 고통 속에서 드디어 눈에 들어오지 않았던 세상의 고통이 들어오기 시작한 것입니다. 그리고 이해되지 않고 아직 요원해보이지만 악인들은 반드시 멸망할 것이라는 하나님의 심판을 동시에 신뢰하게 됩니다. 그러나 더 기막힌 깨달음은 이것이었습니다. "가령 그렇지 않을지라도" 받아들이게 된 깨달음이었습니다.

> "그들은 잠깐 동안 높아졌다가 천대를 받을 것이며 잘려 모아진 곡식 이삭처럼 되리라 가령 그렇지 않을지라도 능히 내 말을 거짓되다고 지적하거나 내 말을 헛되게 만들 자 누구랴"(욥24:24~25)

'고난이 이해될 때 신앙은 성숙에 이르는 것입니다.'

* Meditatio 묵상
오늘 말씀을 통하여 깨닫게 된 것을 짧게 적어보십시오.

너희들은 내게 아름답다

* Lexio 읽기 / 욥기 25:1-6

가능하면 오늘의 본문을 먼저 읽는 것이 좋지만 바로 아래 글을 읽어도 좋습니다. 충분히 본문을 이해하도록 배려하며 글을 썼습니다. 혹시 본문을 읽으신 분은 감동이 오는 말씀이나 단어 혹은 느낌을 간단히 적으시면 좋습니다.

> "하나님 앞에서 그 누가 죄없다 하겠는가? 여인에게서 난 사람이
> 어찌 순결할 수 있겠는가?"(공동번역/욥25:4)

욥의 말이 끝나자 빌닷이 매우 조용하고 초연하게 말을 꺼낸 것입니다. 읽으신 논조 그대로입니다.

빌닷의 얘기는 틀리지 않습니다. 정말 옳은 이야기입니다. 그러나 계속 지적한 것처럼 그 대상이 욥을 향하고 있다는 것이 문제입니다. 어떤 이들은 그럴 수도 있지 않느냐고 말할지도 모릅니다.

하지만 가난은 죄가 아니며, 고난 받는 것은 하나님의 형벌도 아니기 때문입니다. 더욱이 학력이 낮고 볼품없는 직장과 수입이 시원찮은 것, 심지어 난치병에 걸리거나 장애를 갖고 있는 것이 하나님의 징벌이 아니기 때문입니다. 그런데 빌닷과 친구들의 주장은 그 같은 고난이 죄의 결과라는 끔찍한 결론에 이르게 하기에 위험한 것입니다.

놀랍게도 사람들은 고난 속에 있는 자들을 보면서 빌닷처럼 말합니다. 구더기 같은 존재로 취급하기까지 합니다. 우리는 구더기 같은 존재가 아닌데 말입니다.

"보라 그의 눈에는 달이라도 빛을 발하지 못하고 별도 빛나지 못하거든 하물며 구더기 같은 사람, 벌레 같은 인생이랴"(욥25:5-6)

아, 욥이 고통당한 것이 우리에게는 너무나 큰 위로입니다. 고통과 고난이 하나님의 저주이거나 징계가 아니라는 사실 말입니다. 이 엉뚱한 이해 때문에 우리는 한동안 우리의 비참한 전쟁과 침략의 역사를 두고 죄인처럼 서 있었습니다. 그래서 가난과 장애를 가진 자들은 자신을 부끄러워하고 비참하게 살아야 했던 것입니다.

그런데 아닙니다. 하나님은 욥의 고난을 통하여 그것을 말씀하고 계신 것입니다. 하나님의 마음 말입니다.

'얘들아, 그게 아니다. 그게 아니다. 너희들은 내게 아름답다! 너희들은 내게 아름답다!'

'하나님은 아들 예수를 보내셨습니다. 이유 없는 고난으로 들어오셨습니다. 우리가 아름답다는 표현이었던 것입니다.'

* Meditatio 묵상
오늘 말씀을 통하여 깨닫게 된 것을 짧게 적어보십시오.

편리한 지식

* Lexio 읽기 / 욥기 26:1–27:6
가능하면 오늘의 본문을 먼저 읽는 것이 좋지만 바로 아래 글을 읽어도 좋습니다. 충분히 본
문을 이해하도록 배려하며 글을 썼습니다. 혹시 본문을 읽으신 분은 감동이 오는 말씀이나
단어 혹은 느낌을 간단히 적으시면 좋습니다.

> "하나님 앞에서 그 누가 죄없다 하겠는가?... 하물며 구더기 같은
>
> 인생이랴, 벌레 같은 사람이랴!"(공동번역/욥25:4,6)

빌닷의 말을 들으면서 욥은 매우 화가 난 듯 보입니다. 그것은 빌닷
의 주장이 그저 어디서 들은 현학적 지식임을 알았기 때문이었습니다.

> "자네는 맥빠진 사람을 잘도 돕고 힘없이 늘어진 팔을 잘도 잡아
>
> 주는군. 어리석은 자를 잘도 깨우쳐주고 묘한 길을 잘도 가르쳐
>
> 주는군. 자네가 하는 말은 누구에게서 들은 말인가?"
>
> (공동번역/욥26:2–4)

그저 인과론에 근거하여 사람들을 평가하거나, 그저 하나님은 위대
하시니 무슨 잘못이 있겠는가 하며 인간 자신을 벌레 같은 존재로 인정
하라는 체념적 태도를 욥은 받아들일 수 없었습니다. 그런 점에서 빌닷
이나 친구들의 의견은 하나님을 폭군처럼 받아들이게 하는 처사로 욥
은 보았던 것입니다.

그러므로 그저 '고통을 받는 이유는 죄가 있어서 하나님이 주시는 것이다' 라는 '편리한 지식'을 욥은 받아들일 수가 없었던 것입니다.

욥은 전능하신 하나님에 대한 고백을 합니다(욥26:5-14). 하지만 하나님이 전능하신 분이라고 해서 친구들이 주장하는 방법으로 하나님이 일하시지는 않으신다고 끝까지 주장합니다. 그러므로 자신이 죄 없다는 주장도 포기할 마음이 없다고 말합니다.

> "내가 머리를 숙이고, 자네들이 옳다고 할 줄 아는가? 어림도 없는 일, 나 숨지기까지 결코 굽히지 않겠네. 나에게는 잘못이 하나도 없네. 내가 죄없다는 주장을 굽힐 성싶은가? 이 날 이 때까지 마음에 꺼림칙한 날은 하루도 없었네."(공동번역/욥27:5-6)

욥은 하나님이 어떤 분이신지를 알고 있었던 것입니다. 그가 살아온 날 동안 경험한 하나님이었을 것입니다. 이 같은 욥의 태도를 보면서 위로와 힘이 되는 것이 사실입니다.

'이 시점에서 이런 질문을 던져보십시오. 도대체 욥이 받는 고난의 이유는 무엇입니까?'

* Meditatio 묵상
오늘 말씀을 통하여 깨닫게 된 것을 짧게 적어보십시오.

제 6 부

욥의 마지막 변론 : 고소장을 제출하다

악인을 하나님이 심판하신다

* Lexio 읽기 / 욥기 27:7-23

가능하면 오늘의 본문을 먼저 읽는 것이 좋지만 바로 아래 글을 읽어도 좋습니다. 충분히 본문을 이해하도록 배려하며 글을 썼습니다. 혹시 본문을 읽으신 분은 감동이 오는 말씀이나 단어 혹은 느낌을 간단히 적으시면 좋습니다.

> "내가 죄없다는 주장을 굽힐 성싶은가? 이 날 이 때까지 마음에
> 꺼림칙한 날은 하루도 없었네."(공동번역/욥27:6)

분명히 자신이 당하고 있는 고난이 자신의 죄로 인하여 오는 하나님의 징벌은 아니라는 입장에 흔들림이 없었습니다. 하나님이 그런 분이 아니시라는 것을 욥은 확실히 알고 있었던 것입니다.

그런데 약간 흥미로운 주장을 욥이 하기 시작하였습니다. 그것은 불의한 자들이 받는 고난에 대한 것이었습니다.

> "악인이 하나님께 얻을 분깃, 포악자가 전능자에게서 받을 산업
> 은 이것이라 그의 자손은 번성하여도 칼을 위함이요 그의 후손은
> 음식물로 배부르지 못할 것이며... 부자로 누우려니와 다시는 그
> 렇지 못할 것이요 눈을 뜬즉 아무것도 없으리라"(욥27:13-14,19)

분명히 불의한 자가 고난을 받고 멸망에 이르게 될 것이라는 주장을

욥이 하기 시작한 것입니다. 그러니까 모든 고통이 하나님이 하시는 징벌이라고 말할 수는 없지만 그렇다고 악인을 심판하는 방법으로 징벌을 사용하시지 않는다고 말할 수도 없다는 말이었습니다.

매우 명확하게 드러난 불의를 제외하고 우리는 사람들이 당하는 고난이 무엇으로 인해 온 것인지 알 수 없습니다. 그런 까닭에 엘리바스와 친구들은 욥의 고난을 하나님의 징벌로 해석하여 공격한 것이었습니다. 이처럼 복잡한 상황이 벌어질 수도 있었지만 그렇다고 불의한 자에 대한 하나님의 징계가 있다는 것을 욥이 부정할 수는 없었던 것입니다.

> "동풍이 그를 들어올리리니 그는 사라질 것이며 그의 처소에서
> 그를 몰아내리라 하나님은 그를 아끼지 아니하시고 던져 버릴 것
> 이니 그의 손에서 도망치려고 힘쓰리라"(욥27:21~22)

친구들이 말하는 간편한 지식으로서의 인과론은 부정하면서도 악인을 징벌하신다고 주장하는 것이 쉽지는 않지만, 사실입니다. 욥의 정직함입니다.

'악인을 하나님이 심판하신다. 부정할 수 없는 사실입니다. 이것을 믿으십니까?'

* Meditatio 묵상
오늘 말씀을 통하여 깨닫게 된 것을 짧게 적어보십시오.

이상한 신앙

* Lexio 읽기 / 욥기 28:1-13
가능하면 오늘의 본문을 먼저 읽는 것이 좋지만 바로 아래 글을 읽어도 좋습니다. 충분히 본문을 이해하도록 배려하며 글을 썼습니다. 혹시 본문을 읽으신 분은 감동이 오는 말씀이나 단어 혹은 느낌을 간단히 적으시면 좋습니다.

빌닷에 대한 대답을 끝으로 욥의 변론과 친구들의 대화는 끝이 났습니다. 그런 의미에서 이 이후는 32장으로 이어져야 자연스럽습니다.

> "이렇듯이 욥이 자기의 무죄를 주장하자 세 친구는 더 이상 할 말
> 이 없었다."(공동번역/욥32:1)

좁게는 27장 혹은 28장부터, 넓게는 29장부터 31장까지는 세 친구들과 했던 그동안의 논쟁과는 다른 욥의 생각입니다. 그것이 기록되어 있습니다.

28장, 물론 세 친구의 어리석은 지혜나 주장에 대한 것을 지적하려는 의도가 있었을지 모르지만 지금까지 공격적으로 반응하고 얘기해오던 욥의 태도와는 사뭇 다른 이야기를 전제합니다.

> "은이 나는 곳이 있고 금을 제련하는 곳이 있으며 철은 흙에서 캐
> 내고 동은 돌에서 녹여 얻느니라"(욥28:1-2)

이어 욥은 그 은과 금 등을 얻기 위한 광부의 노력과 수고를 기술합니다. 그리고 마침내 얻게 되는 과정을 자세하게 기술하였습니다. 사람의 지극한 추구로 얻을 수 있는 것임을 강조하기 위함입니다.

이 같은 강조는 우리의 오해를 정확하게 지적하기 위함이었습니다. 은금과 달리 지혜는 우리의 노력으로 얻을 수 있는 것이 아니라는 것을 강조하기 위함이었습니다.

> "각종 보물을 눈으로 발견하고... 감추어져 있던 것을 밝은 데로 끌어내느니라 그러나 지혜는 어디서 얻으며 명철이 있는 곳은 어디인고 그 길을 사람이 알지 못하나니 사람 사는 땅에서는 찾을 수 없구나"(욥28:10~13)

사실 신앙의 문제점은 과도하게 인간의 힘으로 얻을 수 있다고 가르치는 것입니다. 그래서 과도한 긍정적 사고방식이나 긍정의 힘 논리는 하나님까지 움직이고 심지어 조작할 수 있다는 이상한 신앙에 들어서게 합니다. 그런데 욥은 정확하게 알고 있었습니다. 우리의 힘으로 진리를 아는 지혜에 이를 수 없다는 것을 말입니다.

'우리가 가지고 있는 지혜가 과연 옳은 것인가? 온전한 것인가? 질문을 던져보십시오.'

* Meditatio 묵상
오늘 말씀을 통하여 깨닫게 된 것을 짧게 적어보십시오.

지혜는 주를 두려워하는 것이다

* Lexio 읽기 / 욥기 28:14-28

가능하면 오늘의 본문을 먼저 읽는 것이 좋지만 바로 아래 글을 읽어도 좋습니다. 충분히 본문을 이해하도록 배려하며 글을 썼습니다. 혹시 본문을 읽으신 분은 감동이 오는 말씀이나 단어 혹은 느낌을 간단히 적으시면 좋습니다.

> "그러나 지혜는 어디서 얻으며 명철이 있는 곳은 어디인고 그 길
> 을 사람이 알지 못하나니 사람 사는 땅에서는 찾을 수 없구나"
>
> (욥28:12-13)

'구한다고 찾을 수 있는 것도 아니고 노력한다고 얻을 수 있는 것도 아니다.' 하나님으로부터 오는 지혜와 명철에 대한 욥의 의견입니다.

이 같은 기술은 우회적으로 엘리바스와 친구들의 어리석음을 꼬집는 것이기도 하지만 욥 자신이 경험하고 있는 것이었습니다. '도무지 알 수 없다.'

> "그런데 내가 앞으로 가도 그가 아니 계시고 뒤로 가도 보이지 아
> 니하며 그가 왼쪽에서 일하시나 내가 만날 수 없고 그가 오른쪽
> 으로 돌이키시나 뵈올 수 없구나"(욥23:8-9)

하나님은 인간이 추구함으로 찾을 수 있는 분이 아니라는 것을 욥은

128

알고 있었습니다.

> "그런즉 지혜는 어디서 오며 명철이 머무는 곳은 어디인고 모든
> 생물의 눈에 숨겨졌고 공중의 새에게 가려졌으며 멸망과 사망
> 도 이르기를 우리가 귀로 그 소문은 들었다 하느니라"(욥28:20~22)

이제 욥이 본질적인 질문을 던집니다. '지혜는 무엇이고 명철은 무엇
인가?' 아무리 추구하고 둘러보았지만 알 수 없는 것을 깨달았기 때문
입니다.

그리고 이내 욥이 깨닫습니다. 지혜는 "주를 두려워하는 것"(공동번역/
욥28:28)이고 명철은 "악을 싫어하는 것"(공동번역/욥28:28)이라는 사실을 말
입니다.

> "보라 주를 경외함이 지혜요 악을 떠남이 명철이니라"(욥28:28)

물론 욥이 지혜와 명철에 온전히 이른 것은 아닙니다. 단지 인간의
추구와 노력으로는 거기에 이를 수 없다는 것을 알았을 뿐입니다. 이것
만으로도 대단한 것이지만 말입니다.

'지혜는 주를 두려워하는 것이다. 잊지 마십시오.'

* Meditatio 묵상
오늘 말씀을 통하여 깨닫게 된 것을 짧게 적어보십시오

은밀한 관계의 힘

* Lexio 읽기 / 욥기 29:1-10
가능하면 오늘의 본문을 먼저 읽는 것이 좋지만 바로 아래 글을 읽어도 좋습니다. 충분히 본문을 이해하도록 배려하며 글을 썼습니다. 혹시 본문을 읽으신 분은 감동이 오는 말씀이나 단어 혹은 느낌을 간단히 적으시면 좋습니다.

"그런데 내가 앞으로 가도 그가 아니 계시고 뒤로 가도 보이지 아
니하며 그가 왼쪽에서 일하시나 내가 만날 수 없고 그가 오른쪽
으로 돌이키시나 뵈올 수 없구나"(욥23:8-9)

여전히 하나님은 욥에게 드러내지 않으셨지만 욥은 하나님이 곁에
계신 것을 느끼고 있었습니다. 그리움이었습니다.

그 순간 갑자기 세 친구들의 얘기에 반응하였던 많은 답변들이 의미
없는 것으로 다가왔을지도 모릅니다. 그리고 이 순간 욥은 하나님이 더
간절해집니다. 그리워집니다.

"나는 지난 세월과 하나님이 나를 보호하시던 때가 다시 오기를
원하노라"(욥29:2)

이어 회상하는 욥의 이야기는 한 편의 시입니다. 아름다운 기억이었
습니다.

"그 때에는 그의 등불이 내 머리에 비치었고 내가 그의 빛을 힘입
어 암흑에서도 걸어다녔느니라… 젖으로 내 발자취를 씻으며 바
위가 나를 위하여 기름 시내를 쏟아냈으며"(욥29:3,6)

세 친구와 욥의 이야기를 들으며 어떤 이들은 당황했을지도 모릅니
다. '어떻게 그토록 당당하게 세 친구들 앞에 서 있을 수 있는가' 하는
질문과 함께 말입니다. 그 대답이 지금 우리가 읽은 욥과 하나님의 관
계 때문입니다.

욥은 하나님을 사랑하고 있었고, 하나님 역시 욥을 사랑하고 있었습
니다. 자신 옆에 있는 하나님을 느끼고 있었고, 또한 확신하고 있었습
니다. 그것이 이유입니다.

그런 깊은 사랑의 관계 때문에 아무 것도 알지 못하고 얘기하는 세
친구들의 말에 거만하게 보일 만큼 반응한 것입니다. 아무도 알지 못하
는 은밀한 사랑 때문이었습니다. 이것이 욥의 힘이었습니다. 고통이 밀
려올 때에도 당당할 수 있는 것이었습니다. 바로 사랑의 힘이었습니다.
은밀한 관계의 힘이었습니다.

'욥은 하나님의 사랑을 알고 있었습니다. 그래서 이렇게 반응하고 있
는 것입니다. 이해가 되십니까? 나와 하나님의 관계는 어떻습니까?'

* Meditatio 묵상
오늘 말씀을 통하여 깨닫게 된 것을 짧게 적어보십시오.

- -

- -

하루를 완결한 구도자적 삶의 자신감

* Lexio 읽기 / 욥기 29:11-25
가능하면 오늘의 본문을 먼저 읽는 것이 좋지만 바로 아래 글을 읽어도 좋습니다. 충분히 본문을 이해하도록 배려하며 글을 썼습니다. 혹시 본문을 읽으신 분은 감동이 오는 말씀이나 단어 혹은 느낌을 간단히 적으시면 좋습니다.

> "귀가 들은즉 나를 축복하고 눈이 본즉 나를 증언하였나니 이는
> 부르짖는 빈민과 도와 줄 자 없는 고아를 내가 건졌음이라"
>
> (욥29:11-12)

욥이 세 친구들 앞에서 그토록 당당했던 또 다른 이유는 바로 이 같은 욥의 삶 때문이었습니다. 그는 실로 고아와 과부 그리고 가난한 자들을 돌보는 삶을 살았습니다. 단순히 가난한 자와 고아를 돕는 정도가 아니라 불의한 자를 응징하였고 하나님의 의에 서서 행동하였습니다.

> "나는 맹인의 눈도 되고 다리 저는 사람의 발도 되고 빈궁한 자의
> 아버지도 되며 내가 모르는 사람의 송사를 돌보아 주었으며 불의
> 한 자의 턱뼈를 부수고 노획한 물건을 그 잇새에서 빼내었느니
> 라"(욥29:15-17)

이 같은 욥을 바라보며 사람들은 그의 존재됨을 인하여 기뻐했다고 스스로 술회합니다.

> "망하게 된 자도 나를 위하여 복을 빌었으며 과부의 마음이 나로

말미암아 기뻐 노래하였느니라"(욥29:13)

어떻게 보면 지나쳐 보이기까지 합니다. 욥의 자화자찬이 심하다는 느낌이 들 수도 있습니다.

"무리는 내 말을 듣고 희망을 걸었으며 내가 가르칠 때에 잠잠하였노라… 그들은 비를 기다리듯 나를 기다렸으며 봄비를 맞이하듯 입을 벌렸느니라"(욥29:21,23)

이 같이 말하는 욥의 얘기를 듣는 세 친구들은 어이없었겠지만 어느 누구도 욥의 얘기에 끼어들지 않았습니다. 욥은 지금 거짓말을 하는 것이 아니었기 때문입니다. 이 모든 것은 진실이었을 것입니다. 욥이 이토록 당당하게 세 친구들을 대하고 하나님께 호소하는 결정적인 이유입니다. '어떻게 하나님 앞에 사람이 의로울 수 있는가' 하고 질문을 던질 수 있지만 욥은 당당했습니다. 그는 그렇게 살아왔기 때문입니다. 최소한 하나님 앞에 이렇게 말할 수 있는 삶을 산 것입니다. 고난 당하고 있지만 욥이 부러운 이유이기도 합니다.

'욥의 담대함이 이해되십니까? 이 같은 모습은 하루하루를 완결해 온 구도자적 삶 때문이었을 것입니다. 나는 어떻습니까? 나의 삶은 어떤 시간들이었습니까?'

* Meditatio 묵상
오늘 말씀을 통하여 깨닫게 된 것을 짧게 적어보십시오.

그가 욥일 수도 있다

* Lexio 읽기 / 욥기 30:1-15

가능하면 오늘의 본문을 먼저 읽는 것이 좋지만 바로 아래 글을 읽어도 좋습니다. 충분히 본
문을 이해하도록 배려하며 글을 썼습니다. 혹시 본문을 읽으신 분은 감동이 오는 말씀이나
단어 혹은 느낌을 간단히 적으시면 좋습니다.

> "그들은 비를 기다리듯 나를 기다렸으며 봄비를 맞이하듯 입을
> 벌렸느니라"(욥29:23)

이 구절만으로도 우리는 욥이 살아온 삶을 짐작할 수 있습니다. 사람
들은 욥을 의지하고 있었고, 욥은 그들을 위해 헌신적인 삶을 살아왔습
니다. 그런데 그의 고난, 욥의 고난 앞에 사람들은 다른 태도를 취하기
시작하였습니다. 우선 그의 세 친구, 누구보다 욥을 잘 알았을 그들이
욥을 정죄하고 훈계하였습니다.

그런데 둘러보니 그 세 친구들만 있는 것이 아니었습니다. 한심한 것
들, 속된 말로 하면 개만도 못한 이들조차 욥을 손가락질하고 있었습니
다. 그들의 지금 삶이라는 것이 "궁핍과 기근으로 인하여 파리하며 캄
캄"(욥30:3)한 삶을 사는 비루한 모습이면서 말입니다.

> "그러나 이제는 나보다 젊은 자들이 나를 비웃는구나 그들의 아
> 비들은 내가 보기에 내 양 떼를 지키는 개 중에도 둘 만하지 못한
> 자들이니라"(욥30:1)

134

"이름도 없는 바보 같은 것들, 회초리에 몰려 제 고장에서 쫓겨나더니... 이제 내가 그것들의 조롱거리가 되고 비웃으며 수군거리는 대상이 되었구나"(공동번역/욥30:8-9)

고난 당하는 자들은 모두 정죄 받을만한가? 욥기가 우리에게 던지는 질문입니다. 하나님이 욥기를 통하여 하시고자 하는 말씀입니다.

사실 너무 쉽게 그리고 익숙하게 누군가 흠만 보이면 비난하고 정죄하기를 즐깁니다. 욥이 만난 것이 이 정도라면 이름 모를 수많은 가난하고 고난 받는 자들이 받는 비참한 정죄와 이유 없는 고통은 이루 말로 형용할 수 없을 것입니다. 이 같은 인식에서 비롯된 것이겠지만 욥은 하나님에 대한 항의를 심하게 하는 잘못을 범하기도 합니다. 급기야 하나님이 이렇게 말씀하신 것을 보면 알 수 있습니다.

"너의 무죄함을 내세워 나를 죄인으로 몰 작정이냐?"

(공동번역/욥40:8)

'우리가 누구를 비난하고 조롱하는 것을 조심하는 것은 중요합니다. 그가 욥일 수도 있기 때문입니다. 그렇지 않을지라도 예의를 차리는 것이 옳지 않습니까?'

* Meditatio 묵상
오늘 말씀을 통하여 깨닫게 된 것을 짧게 적어보십시오.

하나님의 마음은 어떠했을까?

* Lexio 읽기 / 욥기 30:16-31
가능하면 오늘의 본문을 먼저 읽는 것이 좋지만 바로 아래 글을 읽어도 좋습니다. 충분히 본문을 이해하도록 배려하며 글을 썼습니다. 혹시 본문을 읽으신 분은 감동이 오는 말씀이나 단어 혹은 느낌을 간단히 적으시면 좋습니다.

"이제 나의 넋은 모두 쏟아졌고 괴로운 날날이 나를 사로잡는구
나. 밤이면 도려내듯이 내 뼈를 쑤셔 대는데 그 쓰라림이 잠시도
멎지를 않네"(공동번역/욥30:16-17)

욥의 고통은 실제적인 것이었습니다. 많은 사람들, 심지어 정말 개만
도 못한 이들로부터도 조롱당하는 것도 견딜 수 없었지만 실제로 아팠
습니다.

하지만 이 모든 고통보다 더 큰 고통은 여전히 하나님의 외면하심이
었습니다. 욥은 모질고 매우 무심한 하나님 앞에 서 있었습니다.

"내가 당신께 부르짖사오나 당신께서는 대답도 없으시고 당신 앞
에 섰사오나 보고만 계십니다. 당신은 이다지도 모진 분이십니
까? 손을 들어 힘껏 나를 치시다니. 나를 번쩍 들어 바람에 실어
보내시고 폭풍에 휘말려 사라지게 하시다니."(공동번역/욥30:20-22)

하나님의 버리심과 무관심, 하나님의 주권적 역사하심 앞에 욥은 더

이상 할 말이 없었습니다.

> "나를 덮고 있는 피부는 검어졌고 내 **뼈**는 열기로 말미암아 탔구
> 나 내 수금은 통곡이 되었고 내 피리는 애곡이 되었구나"
> (욥30:30-31)

욥이 다시 자신을 돌아보았습니다. 자신의 삶에 문제는 없었는지, 가난한 자와 고통 당하는 자들을 위해 울지 않았던 적은 없었는지... 그럴수록 갑갑한 것이 가슴을 짓눌러왔을 뿐이었습니다.

> "고생하는 자들을 위하여 내가 울지 않았던가? 가난한 자들을 위
> 하여 내가 괴로워하지 않았던가?"(공동번역/욥30:25)

이것이 욥입니다. 사실 이 같은 고통을 느끼게 될 것은 처음 하나님이 시험을 허용할 때부터 이해할 수 있는 것이었습니다. 그렇다면 하나님은 어떠하셨으리라 생각하십니까? 이 고통이 욥의 죄로 인한 고난이 아니라는 것을 알고 있는 하나님의 마음은 어떠했으리라 생각하십니까?

'그렇다면 이 땅의 이유 없이 고난당하는 자들을 향한 하나님의 마음은 어떠하시리라 생각하십니까?'

* Meditatio 묵상
오늘 말씀을 통하여 깨닫게 된 것을 짧게 적어보십시오.

마지막 변론 1 : 하나님으로 살아온 자

* Lexio 읽기 / 욥기 31:1-15
가능하면 오늘의 본문을 먼저 읽는 것이 좋지만 바로 아래 글을 읽어도 좋습니다. 충분히 본
문을 이해하도록 배려하며 글을 썼습니다. 혹시 본문을 읽으신 분은 감동이 오는 말씀이나
단어 혹은 느낌을 간단히 적으시면 좋습니다.

"젊은 여인에게 눈이 팔려 두리번거리지 않겠다고 나는 스스로
약속하였네."(공동번역/욥31:1)

모든 남자에게 가장 위험하지만 매우 실제적인 이야기로 욥은 시작
하였습니다. 그런데 욥은 정결하였습니다. 좀 심하게 말하였지만 그의
표현을 보면 잘 알 수 있습니다.

"나의 마음이 남의 여인에게 끌려 이웃집 문을 엿보기라도 하였
다면, 내 아내가 외간남자에게 밥을 지어주고 잠자리를 같이하여
도 할 말이 없겠네."(공동번역/욥31:9-10)

욥은 자신의 삶에 대한 확신이 있었습니다. 더욱이 공평하게 바라보
시는 하나님이 계시기 때문이었습니다. 이것이 욥이 마지막으로 변론
하는 이야기의 핵심이었습니다.

"그는 나의 걸어 온 길을 살피시고 나의 발걸음을 세시는 분, 내
가 허황한 생각으로 살았다거나 이 발이 거짓으로 서둘렀다면,
바른 저울에 달아 보시면 아시리라. 하나님께서 나의 흠없음을
어찌 모르시랴?"(공동번역/욥31:4-6)

반복해서 말하지만 욥은 하나님 앞에서 바르고 진정성을 가진 삶을 살아왔습니다. 언제나 욥은 하나님의 얼굴을 주시하고 그분을 의식하며 살아왔습니다.

하나님 때문이었습니다. 하나님이 살아 계시다는 것을 알고 있었기 때문이었습니다. 욥은 하나님의 심판을 알고 있었고 하나님이 불의에 대하여 추궁할 것도 알고 있었습니다.

> "바른 저울에 달아보시면 아시리라... 그렇듯이 추잡한 죄를 짓
> 고도 어떻게 심판을 받지 않으랴?... 나는 다만 하나님의 징계가
> 두렵고 그의 위엄에 눌려서라도 그런 짓을 하지는 못하였다네."
>
> (공동번역/욥31:6,11,23)

사실 우리는 이렇게 의식하며 살지 않습니다. 우리는 우리 마음대로 살아갑니다. 우리 뜻을 따라 우리 의지대로 살아갑니다. 그것이 욥과 다른 점입니다. 그래서 욥이 하나님께 항의하는 것입니다. 욥이 살아온 날, 늘 하나님과 깊이 만나며 살아온 자가 할 수 있는 항의였습니다. 그렇지 않습니까?

'욥의 항의가 이해되십니까? 이렇게 할 수 있을 만큼 하나님과의 관계는 친밀하십니까?'

* Meditatio 묵상
오늘 말씀을 통하여 깨닫게 된 것을 짧게 적어보십시오.

마지막 변론 2 : 거룩한 부자

* Lexio 읽기 / 욥기 31:16-34
가능하면 오늘의 본문을 먼저 읽는 것이 좋지만 바로 아래 글을 읽어도 좋습니다. 충분히 본문을 이해하도록 배려하며 글을 썼습니다. 혹시 본문을 읽으신 분은 감동이 오는 말씀이나 단어 혹은 느낌을 간단히 적으시면 좋습니다.

> "내가 가난한 사람을 모른 체하였던가? 과부들의 눈앞을 캄캄하게 해주었던가? 나의 분깃을 혼자만 먹고 고아들에게는 나누어줄 생각도 없었던가? 아니다, 아비가 제 자식을 키우듯이 나는 그들을 어릴 적부터 키워주었고, 나면서부터 손을 잡아 이끌어주었다"(공동번역/욥31:16-18)

"나의 분깃을 혼자만 먹고" 살지 않았다는 것만으로도 욥이 어떤 삶을 살았는지를 짐작할 수 있습니다.

> '나는 황금만을 믿는다. 정금밖에 의지할 것이 없다.' 이것이 과연 나의 생활 신조였던가? 재산이 많다고 우쭐거리고 일확천금을 했다고 으스댄 일이라도 있었던가?"(공동번역/욥31:24-25)

욥은 거룩한 부자였습니다. 그렇다고 자신만 돌아보는 이도 아니었습니다. 가난한 자들을 돌보았고 자신의 부요함을 으쓱대지도 않았습니다. 더욱이 그는 관대하고 여유 있는 마음의 부자였습니다.

"내가 언제 나를 미워하는 자의 멸망을 기뻐하고 그가 재난을 당
함으로 즐거워하였던가 실상은 나는 그가 죽기를 구하는 말로 그
의 생명을 저주하여 내 입이 범죄하게 하지 아니하였노라"

(욥31:29-30)

욥의 변론을 읽을수록 욥의 아름다움만 분명해질 뿐입니다. 아름답
다는 말이 저절로 나올 뿐입니다. 만일 우리가 욥기를 시작하는 서두에
고난 받는 욥의 이유가 설명되지 않았다면 우리 역시 하나님을 원망했
을지도 모릅니다. 그러나 하나님은 분명히 욥이 어떤 존재인지를 알고
있었고 하나님은 일시적 시험임을 분명히 밝혔었습니다.

"네가 내 종 욥을 주의하여 보았느냐 그와 같이 온전하고 정직하
여 하나님을 경외하며 악에서 떠난 자는 세상에 없느니라"(욥1:8)

욥의 변론은 충분히 이유가 있습니다. 이 세상에서 이런 사람을 만나
기 힘들기 때문입니다. 이토록 아름다운 거룩한 부자가 있습니까? 본
적이 있으십니까?

'아름답고 거룩한 부자를 만나는 것은 축복입니다. 하나님이 자신할
만큼 말입니다. 그런 부자를 만나길 소원합니다. 그런 부자가 되십시오.'

* Meditatio 묵상
오늘 말씀을 통하여 깨닫게 된 것을 짧게 적어보십시오

마지막 변론 3 : 욥의 고소장

* Lexio 읽기 / 욥기 31:35-40
가능하면 오늘의 본문을 먼저 읽는 것이 좋지만 바로 아래 글을 읽어도 좋습니다. 충분히 본
문을 이해하도록 배려하며 글을 썼습니다. 혹시 본문을 읽으신 분은 감동이 오는 말씀이나
단어 혹은 느낌을 간단히 적으시면 좋습니다.

> "성문에 모이는 사람들이 모두 내 편이라 믿고 죄없는 사람에게
> 손찌검이라도 했더란 말인가? 그랬다면 내 어깻죽지가 빠져도
> 좋겠네. 팔이 팔꿈치에서 빠져 나가도 할 말이 없겠네. 나는 다만
> 하나님의 징계가 두렵고 그의 위엄에 눌려서라도 그런 짓을 하지
> 는 못하였다네"(공동번역/욥31:21-23)

이런 모습이 욥이었습니다. 그는 하나님을 두려워하는 자였습니다.
욥과 하나님의 관계는 바로 이런 관계에서 시작되었습니다. 한 번도 욥
은 하나님을 폄하하거나 까닭 없이 자기 뜻대로 살지 않았습니다.

욥의 삶은 하나님을 깊이 아는 지식에서 나온 것이었습니다. 그래서
욥은 하나님에게서 직접 이유를 듣고 싶었습니다. 왜 자신에게 이렇게
대하는지를 꼭 알고 싶었습니다. 드디어 욥은 하나님께 고소장을 제출
합니다.

> "누구든지 나의 변명을 들어다오 나의 서명이 여기 있으니 전능

자가 내게 대답하시기를 바라노라 나를 고발하는 자가 있다면 그
에게 고소장을 쓰게 하라"(욥31:35)

욥은 이 고소장을 제출하면서도 당당한 모습을 견지한다고 말합니
다. 참 기막힌 모습입니다.

"나는 그것을 목에 걸든가 면류관인 양 머리에 두르고는 살아 온
나의 발걸음을 낱낱이 밝히며 귀족처럼 그의 앞에 나서리라."

(공동번역/욥31:36-37)

이 같은 모습이 사람들에게는 거만한 태도로 비춰집니다. 그래서 32장
에 등장하는 세 친구 외의 또 다른 사람 엘리후의 첫 마디가 욥의 태도에
대한 것이었습니다. 하나님보다 더 의로운가 하는 질문이었습니다.

어쩌하든지 간에 욥의 아름다움이 여기 있습니다. 지나치게 자신의
무죄함을 주장하지만 이런 모습이 부럽습니다. 왜냐하면 우리는 이렇
게 살지 못하는 존재이기 때문입니다. 우리가 아름답지 못한 것을 알기
때문입니다.

'욥을 흉내라도 내어 말할 만큼 유사하게라도 의로웠으면 합니다. 욥
의 변론을 보면서 드는 생각이었습니다. 어떻게 생각하십니까?'

* Meditatio 묵상
오늘 말씀을 통하여 깨닫게 된 것을 짧게 적어보십시오.

- -

- -

제 7 부

엘리후의 변론 : 하나님을 위하여

엘리후의 등장

* Lexio 읽기 / 욥기 32:1-22
가능하면 오늘의 본문을 먼저 읽는 것이 좋지만 바로 아래 글을 읽어도 좋습니다. 충분히 본문을 이해하도록 배려하며 글을 썼습니다. 혹시 본문을 읽으신 분은 감동이 오는 말씀이나 단어 혹은 느낌을 간단히 적으시면 좋습니다.

- -

- -

> "이렇듯이 욥이 자기의 무죄를 주장하자 세 친구는 더 이상 할 말
> 이 없었다."(공동번역/욥32:1)

욥의 자기 변론은 거의 완벽한 것으로 보입니다. 그리고 그의 무죄 주장을 세 친구는 논박할 자신이 없었던 것으로 보입니다. 이미 욥이 열거한 삶을 그 친구들은 분명히 알고 있었을 것이고, 동시에 자신들이 어떤 삶을 살아왔는지도 알고 있었기 때문일 것입니다. 그것이 말을 멈춘 이유였을 것입니다. 바로 그때 등장한 이가 엘리후입니다.

> "엘리후는 그들의 나이가 자기보다 여러 해 위이므로 욥에게 말
> 하기를 참고 있다가 세 사람의 입에 대답이 없음을 보고 화를 내
> 니라"(욥32:4-5)

약간은 돌발적으로 보이고 이전의 세 친구와 욥의 논박대화 구조와 달리 37장까지 매우 긴 부분을 욥의 반박 없이 쓰여 진 것을 보면서 일부 학자들은 후기에 편집되어 들어온 것이라는 주장을 하기도 합니다.

이제 우리가 살펴보겠지만 엘리후의 논박 역시 세 친구와 별로 다를 바 없어 보입니다. 그럼에도 불구하고 엘리후가 얘기하는 동안 욥은 이전과 달리 대꾸하지 않습니다. 무엇인가 달랐던 것입니다.

그렇다면 무엇이 달랐던 것일까요? 세 친구들은 인과론을 중심으로 욥의 고통의 원인을 그의 죄 때문이라는 틀로 시종일관 주장하였지만 엘리후는 달랐습니다. 그가 욥에게 이의를 제기한 것은 다른 이유 때문이었습니다.

> "엘리후가 화를 내니 그가 욥에게 화를 냄은 욥이 하나님보다 자
> 기가 의롭다 함이요"(욥32:2)

세 친구들도 할 말이 없었고, 반응을 볼 때 욥도 대꾸할 수 없는 주제였습니다. 무엇보다 엘리후의 지적은 매우 직설적인 것이었습니다. 그것이 엘리후의 힘이었습니다.

> "나는 결코 사람의 낯을 보지 아니하며 사람에게 영광을 돌리지
> 아니하리니 이는 아첨할 줄을 알지 못함이라"(욥32:21-22)

'옳든지 옳지 않든지 간에 정직하게 얘기하는 것이 중요합니다. 그렇지 않습니까?'

* Meditatio 묵상
오늘 말씀을 통하여 깨닫게 된 것을 짧게 적어보십시오.

이런 길도 저런 길도 있다

* Lexio 읽기 / 욥기 33:1-18
가능하면 오늘의 본문을 먼저 읽는 것이 좋지만 바로 아래 글을 읽어도 좋습니다. 충분히 본문을 이해하도록 배려하며 글을 썼습니다. 혹시 본문을 읽으신 분은 감동이 오는 말씀이나 단어 혹은 느낌을 간단히 적으시면 좋습니다.

"내가 입을 여니 내 혀가 입에서 말하는구나 내 마음의 정직함이

곧 내 말이며 내 입술이 아는 바가 진실을 말하느니라"(욥33:2-3)

일단 엘리후의 접근은 세 친구들과 달리 욥을 설득한 것으로 보입니다. 더욱이 엘리후의 접근은 정직했습니다. 드디어 엘리후가 욥의 문제점을 지적하기 시작하였습니다. 엘리후는 욥의 말을 상기시켰습니다.

"이르기를 나는 깨끗하여 악인이 아니며 순전하고 불의도 없거늘

참으로 하나님이 나에게서 잘못을 찾으시며 나를 자기의 원수로

여기사 내 발을 차꼬에 채우시고 나의 모든 길을 감시하신다 하

였느니라"(욥33:9-11)

엘리후가 지적한 것은 욥의 태도였습니다. 어느 순간, 욥이 하나님과 논쟁하고 있었기 때문입니다. 엘리후가 볼 때 이 같은 논쟁은 있을 수 없다고 여긴 것입니다.

"내가 그대에게 대답하리라 이 말에 그대가 의롭지 못하니 하나
님은 사람보다 크심이니라 하나님께서 사람의 말에 대답하지 않
으신다 하여 어찌 하나님과 논쟁하겠느냐"(욥33:12-13)

욥이 대답할 수 없는 논박이었습니다. 이어 말하는 엘리후의 말은 대
단히 놀랍게도 설득력이 있었습니다. 엘리후의 관심은 세 친구와 달리
고난의 원인이나 결과가 아니었습니다. 하나님의 존재됨에 대한 것이
었습니다.

"사람이 모를 뿐, 하나님께서 말씀하시는 길은 이런 길도 저런 길
도 있다오."(공동번역/욥33:14)

"이런 길도 저런 길도 있다." 놀라운 이야기였습니다. 세 친구는 정
형화된 논리인 인과론으로 욥을 공격하였지만 엘리후는 하나님이 일하
시는 루트가 다양하다는 말로 설득한 것입니다. 그러니까 고난도 하나
님이 일하시는 방법이라는 말이었습니다. 고난이 단순히 죄의 대가라
는 세 친구의 논리가 무너지는 순간이었습니다. "사람이 모를 뿐... 이
런 길도 저런 길도 있다." 위로가 되는 이해입니다.

'고난에도 길이 있다. 잊지 마십시오.'

* Meditatio 묵상
오늘 말씀을 통하여 깨닫게 된 것을 짧게 적어보십시오.

고통 중에 하나님의 음성을 들을 수 있다면

* Lexio 읽기 / 욥기 33:19-33

가능하면 오늘의 본문을 먼저 읽는 것이 좋지만 바로 아래 글을 읽어도 좋습니다. 충분히 본문을 이해하도록 배려하며 글을 썼습니다. 혹시 본문을 읽으신 분은 감동이 오는 말씀이나 단어 혹은 느낌을 간단히 적으시면 좋습니다.

> "사람이 모를 뿐, 하나님께서 말씀하시는 길은 이런 길도 저런 길
> 도 있다오."(공동번역/욥33:14)

이 놀라운 말을 하면서 꺼낸 엘리후의 이야기 중 19절을 읽어보겠습니다.

> "병상에서 신음하는 괴로움, 뼈 마디마디 쑤셔 대는 아픔이 그의
> 징계가 되는 수도 있다오"(공동번역/욥33:19)

얼핏 읽으면 세 친구의 주장과 같아 보입니다. 그런데 뭔가 다른 뉘앙스가 있습니다.

병상에서 고통 하는 어떤 환자가 있다고 해 봅시다. 그가 아픈 것은 그의 죄에 대한 하나님의 심판이라는 논리가 세 친구의 논리입니다. 그런데 이렇게 생각할 수도 있습니다. 죄의 결과 때문에 하나님이 심판하셔서 고통당하는 것은 아니지만 그 병상에 누워 고통을 당하면서 하나님의 징계로 받아들이는 경우입니다.

제가 위암으로 병원에 입원하였을 때 누워있는 병실에서 고통하면서 했던 것 중에 하나는 회개였습니다. 분명 하나님이 징계로 위암을 주신 것이 아니라는 것을 알았지만 이상하게 나의 죄들이 떠올랐습니다. 오히려 나는 이 고통을 징계로 받아들였습니다. 엘리후의 이야기가 바로 이런 관점입니다.

그렇다면 그 순간, 그 깨달음의 순간은 구원이 되는 것입니다. 엘리후가 강조하고 싶은 이야기였습니다. 그것을 다음과 같은 상황으로 설명하였습니다.

> "음식이 전혀 입에 당기지 않아 진수성찬도 입에 쓰기만 하고 뼈들은 앙상하게 가죽으로 덮여 눈 뜨고는 볼 수 없는 몰골, 그 인간의 넋은 무덤의 문턱에 다다랐고 그의 생명은 죽음의 문턱을 막 넘어서려는데, 수많은 하늘의 천사 중 하나가 나타나 일깨워 준다면, 마음을 바로잡으라고 일러 준다면 다 되는 일"
>
> (공동번역/욥33:20-23)

이 같은 주장을 욥은 받아들인 것으로 보입니다. 아무 대답 없음이 그것을 증명하는 것 아니겠습니까?

'고통 중에 하나님의 음성을 들을 수 있다면 고통이 축복이 되는 것 아니겠습니까?'

* Meditatio 묵상
오늘 말씀을 통하여 깨닫게 된 것을 짧게 적어보십시오.

이상해진 엘리후

* Lexio 읽기 / 욥기 34:1-15
가능하면 오늘의 본문을 먼저 읽는 것이 좋지만 바로 아래 글을 읽어도 좋습니다. 충분히 본문을 이해하도록 배려하며 글을 썼습니다. 혹시 본문을 읽으신 분은 감동이 오는 말씀이나 단어 혹은 느낌을 간단히 적으시면 좋습니다.

"실로 하나님이 사람에게 이 모든 일을 재삼 행하심은 그들의 영혼을 구덩이에서 이끌어 생명의 빛을 그들에게 비추려 하심이니라"(욥33:29-30)

엘리후의 논증은 공손하였고 설득력이 있었습니다. 욥이 동의한 것으로 보입니다. 동시에 거기에 있는 세 친구들도 고개를 끄덕이고 있었던 것으로 보입니다. 그런 분위기를 감지해서인지 몰라도 엘리후의 말의 색깔이 달라집니다. 갑자기 고압적 자세로 돌변한 것입니다.

"지혜 있는 자들아 내 말을 들으며 지식 있는 자들아 내게 귀를 기울이라"(욥34:2)

엘리후는 욥과 세 친구들을 싸잡아 몰아붙이기 시작합니다. 물론 초점은 욥에게 고정되어 있었습니다. 공격을 위한 근거로 욥의 말을 끄집어냅니다.

"욥이 말하기를 내가 의로우나 하나님이 내 의를 부인하셨고 내가 정당함에도 거짓말쟁이라 하였고 나는 허물이 없으나 화살로 상처를 입었노라 하니"(욥34:5-6)

그동안 욥이 한 이야기를 종합할 때 이렇게 묘사할 수도 있지만 욥이 이 정도로 하나님에게 적대적으로 서 있지는 않았습니다.

어쨌든지 엘리후가 욥의 발언이라고 꺼낸 것을 기초로 공격을 하는데 그것은 고작 세 친구가 공격하였던 인과론적 관점이었습니다. 처음 얘기를 꺼낼 때의 엘리후의 설득의 힘이 무너진 것입니다. 더욱이 엘리후 역시 인과론에 기초하여 욥을 부정하면서 소설을 쓰기 시작합니다.

"세상에 욥 같은 인간이 어디 있겠습니까? 물 마시듯이 예사로 욕설을 퍼붓는 사람이 그 말고 또 있겠습니까? 악덕배들하고나 어울려 다니고 불의한 자들과 함께 돌아다니면서 겨우 한다는 소리가 '하나님과 잘 지내 봐야 별 신통한 수가 없다.'"

(공동번역/욥34:7-9)

'우리 역시 시작과 달리 주어진 상황이나 잘못된 지식 혹은 경험으로 엉뚱한 주장을 할 때가 있습니다. 엘리후처럼 말입니다. 그런 적이 있지 않았습니까?'

* Meditatio 묵상
오늘 말씀을 통하여 깨닫게 된 것을 짧게 적어보십시오.

엘리후 논리의 빈틈

* Lexio 읽기 / 욥기 34:16–37
가능하면 오늘의 본문을 먼저 읽는 것이 좋지만 바로 아래 글을 읽어도 좋습니다. 충분히 본
문을 이해하도록 배려하며 글을 썼습니다. 혹시 본문을 읽으신 분은 감동이 오는 말씀이나
단어 혹은 느낌을 간단히 적으시면 좋습니다.

> "사람의 행위를 따라 갚으사 각각 그의 행위대로 받게 하시나니"
>
> (욥34:11)

엘리후 역시 완전히 세 친구의 논리로 욥을 공격하기 시작합니다. "행위대로 받게 하신다." 이 논리는 놀랍게도 지금 받고 있는 고난의 원인이 행위에 있다는 결론에 이른다는 인과론을 다시 꺼내게 합니다. 그것으로 더 공격합니다. 더욱이 욥이 지금 만난 졸지의 상황들은 하나님의 심판 방법이라고 주장합니다.

> "그는 사람의 길을 주목하시며 사람의 모든 걸음을 감찰하시나
> 니... 하나님은 사람을 심판하시기에 오래 생각하실 것이 없으시
> 니"(욥34:21,23)

그리고 하나님은 징계 받을만한 자에게 아무런 대꾸도 하지 않으시는 것이 당연한 까닭에(욥34:29) 욥의 항의들이 후안무치한 것이라고 몰아붙이며 급기야 입에 담을 수 없는 공격을 하기에 이릅니다.

여기서 엘리후와 세 친구들이 계속 주장하고 있는 인과론의 핵심 논

리인 "행위대로 받게 하신다"는 주장이 옳은지를 점검할 필요가 있습니다. 물론 원칙론에서 볼 때 당연히 행한 대로 갚으십니다. 온통 성경이 그렇게 기록하고 있기 때문입니다. 그런데 무엇인가 이상합니다. 그 같은 의문에 해답이 되는 묵상을 시편 기자가 하였습니다.

> "여호와 우리 하나님이여 주께서는 그들에게 응답하셨고 그들의
> 행한 대로 갚기는 하셨으나 그들을 용서하신 하나님이시니이다"
> (시99:8)

분명히 잘못에 대하여는 심판하시지만 엘리후가 주장하는 것처럼 여유 없이 칼같이 무섭게 심판하시는 하나님이 아니라 용서하심, 기다리심에 기초하여 바라보시는 하나님 이해입니다. 그래서 우리가 살아있을 수 있는 이유라는 것을 엘리후가 모른 것입니다. 하나님을 모른 것입니다.

> "우리의 죄를 따라 우리를 처벌하지는 아니하시며 우리의 죄악을
> 따라 우리에게 그대로 갚지는 아니하셨으니... 이는 그가 우리의
> 체질을 아시며 우리가 단지 먼지뿐임을 기억하심이로다"
> (시103:10,14)

'이 분이 우리 하나님이십니다. 알고 계시죠?'

* Meditatio 묵상
오늘 말씀을 통하여 깨닫게 된 것을 짧게 적어보십시오.

욥의 침묵, 그 이유

* Lexio 읽기 / 욥기 35:1-16
가능하면 오늘의 본문을 먼저 읽는 것이 좋지만 바로 아래 글을 읽어도 좋습니다. 충분히 본문을 이해하도록 배려하며 글을 썼습니다. 혹시 본문을 읽으신 분은 감동이 오는 말씀이나 단어 혹은 느낌을 간단히 적으시면 좋습니다.

"나는 욥이 끝까지 시험 받기를 원하노니 이는 그 대답이 악인과

같음이라"(욥34:36)

이 같은 엘리후의 발언 앞에 욥이 한 마디 할 것 같지만 계속 엘리후의 말만 이어졌습니다. 욥은 대답할 기회를 찾고 있었는지도 모르겠습니다. 그런데 이어지는 엘리후의 말이 흥미로웠습니다.

"그대가 범죄한들 하나님께 무슨 영향이 있겠으며 그대의 악행이

가득한들 하나님께 무슨 상관이 있겠으며 그대가 의로운들 하나

님께 무엇을 드리겠으며 그가 그대의 손에서 무엇을 받으시겠느

냐"(욥35:6-7)

어쩌면 반박할 것 같았던 욥이 이 말에도 아무 대답을 하지 않습니다. 사실 이와 유사한 말을 엘리바스가 이전에 한 적이 있었습니다.

"사람이 어찌 하나님께 유익하게 하겠느냐... 네가 의로운들 전

능자에게 무슨 기쁨이 있겠으며 네 행위가 온전한들 그에게 무슨

이익이 되겠느냐"(욥22:2-3)

이 같은 엘리바스의 얘기에 그때 욥은 반박했었습니다. 하지만 이번 엘리후의 얘기에는 아무런 대답을 하지 않습니다. 그동안 깊이 경험한 하나님의 모습임을 알았기 때문일 수도 있지만 이어지는 다음 얘기 때문이었을지도 모릅니다.

"그대가 범죄한들 하나님께 무슨 영향이 있겠으며 그대의 악행이

가득한들 하나님께 무슨 상관이 있겠으며"(욥35:6)

놀라운 얘기였습니다. 우리의 범죄조차 하나님에게 영향을 미칠 수 없다는 관점은 이전의 엘리바스와 친구들과는 다른 것이었습니다. 분명 욥은 그동안 자신이 했던 모든 행위들이 하나님 앞에 아무 것도 아니라는 것을 알았을 것입니다. 그런 까닭이었을 것입니다. 엘리후가 던지는 모든 말이 칼날이 되었지만 잠잠한 이유였던 것입니다.

"욥이 헛되이 입을 열어 지식 없는 말을 많이 하는구나"(욥35:16)

'욥이 대답하지 않는 이유가 보이십니까?'

* Meditatio 묵상
오늘 말씀을 통하여 깨닫게 된 것을 짧게 적어보십시오

자유주권적 존재

* Lexio 읽기 / 욥기 36:1-23

가능하면 오늘의 본문을 먼저 읽는 것이 좋지만 바로 아래 글을 읽어도 좋습니다. 충분히 본
문을 이해하도록 배려하며 글을 썼습니다. 혹시 본문을 읽으신 분은 감동이 오는 말씀이나
단어 혹은 느낌을 간단히 적으시면 좋습니다.

"그대가 범죄한들 하나님께 무슨 영향이 있겠으며 그대의 악행이

가득한들 하나님께 무슨 상관이 있겠으며"(욥35:6)

매우 치명적인 말이었던 것 같습니다. 이어 계속해서 심하게 엘리후
가 말을 하였어도 욥은 아무 말도 없었기 때문입니다. 이미 그런 분위
기를 파악했는지 모르지만 엘리후의 공격은 더 거세졌습니다. 이 같은
자신만만한 태도가 엘리후를 흐리게 하는 발언으로 이끕니다.

"침착하시오. 내가 깨우쳐 주는 말을 좀 들어 보시오. 하나님 편

을 들어 말 좀 더 해야겠소. 불원천리하고 찾아 다니며 배운 지식

으로 미루어 보아 나는 아무래도 나를 지으신 이가 옳다고 해야

겠소."(공동번역/욥36:2-3)

앞에서 "사람이 어찌 하나님께 유익하게 하겠느냐"(욥22:2)고 말하던
엘리후가 스스로 자가당착적 발언을 한 것입니다. 하나님을 돕겠다고
나선 것입니다.

그렇다고 해서 엘리후가 대단한 변론을 한 것도 아니었습니다. 고작

세 친구가 하던 인과론에 근거한 이야기였을 뿐이었습니다.

이미 엘리후가 말했던 것처럼 하나님은 환경에 영향을 받으시는 분이 아니십니다. 무엇이든 누구든 하나님에게 영향을 주지 못하지만 동시에 무엇이든 누구로 부터든 영향을 받으시기도 합니다. 하나님은 '자유주권'적 존재이시기 때문입니다. 그런데 그 하나님의 기준을 우리가 가늠하는 것이 불가능하다는데 복잡함이 있을 뿐입니다.

동시에 하나님이 아름다우신 이유입니다. 우리 인간이나 상황에 의해 좌우되는 분이 아니라는 사실 때문입니다. 그래서 언제나 진정성이 필요한 것입니다. 그것을 사무엘은 "중심을 보시는 하나님"(삼상16:7)이라고 말한 것입니다.

이 사실을 알 것 같아 보였던 엘리후 역시 모르고 있었습니다. 다시 인과론에 근거해서 욥을 판단하고 정죄하고 심지어 하나님을 돕겠다고 나섰으니 말입니다.

언제나 주의해야 하는 이유입니다. 언제나 자신을 살펴야 하는 이유입니다. 언제나 겸비해야 하는 이유입니다.

'하나님은 자유주권적 존재인 것을 잊지 마십시오.'

* Meditatio 묵상
오늘 말씀을 통하여 깨닫게 된 것을 짧게 적어보십시오.

하나님의 흠

* Lexio 읽기 / 욥기 36:24-37:20
가능하면 오늘의 본문을 먼저 읽는 것이 좋지만 바로 아래 글을 읽어도 좋습니다. 충분히 본
문을 이해하도록 배려하며 글을 썼습니다. 혹시 본문을 읽으신 분은 감동이 오는 말씀이나
단어 혹은 느낌을 간단히 적으시면 좋습니다.

"부디 나쁜 일에 마음을 쏟지 마시오. 당신이 지금 겪는 시련은

바로 그 때문이 아니오?"(공동번역/욥36:21)

이것이 엘리후의 결론이었습니다. 그런데 세 친구와 마찬가지 결론이
었습니다. 이어 엘리후는 하나님의 크고 위대한 존재에 초점을 맞춘 이야
기를 꺼냅니다. 만일 세 친구들과 같은 인과론에 근거한 설명으로 얘기
를 풀지 않았다면 엘리후의 이어지는 설명은 정말 아름다웠을 것입니다.

"하나님은 높으시니 우리가 그를 알 수 없고 그의 햇수를 헤아릴

수 없느니라 그가 물방울을 가늘게 하시며 빗방울이 증발하여 안

개가 되게 하시도다 그것이 구름에서 내려 많은 사람에게 쏟아지

느니라"(욥36:26-28)

엘리후의 설명은 매우 시적이었습니다. 아름다웠습니다. 그 안에는
하나님을 돕겠다는 마음과 욥을 정죄하고 심판하는 모습이 들어있었지
만 엘리후의 설명은 진정성이 있었습니다. 욥이 조용한 이유일지도 모
릅니다.

"그대는 겹겹이 쌓인 구름과 완전한 지식의 경이로움을 아느
냐… 구름장들을 두들겨 넓게 만들어 녹여 부어 만든 거울 같이
단단하게 할 수 있겠느냐"(욥37:16,18)

물론 엘리후의 결론은 하나님의 흠 없음이었습니다.

"우리 인간이 어찌 이 전능하신 분께 이르겠소? 못할 일 없으시며
공평무사하신 그분이 어찌 억울한 일을 하시겠소?"(공동번역/욥37:23)

우리가 알다시피 하나님이 실수하신 것은 아니지만 분명히 하나님은
공평하지 못한 일을 행하셨습니다. 사탄의 요구에 반응을 보인 것이기
에 그렇습니다. 그런 의미에서 욥은 잘못한 것이 없습니다. 욥의 주장
이기도 하고 말입니다. 엘리후의 한계이기도 합니다. 그런 까닭에 엘리
후의 발언은 아름답지만 지식의 한계가 있는 이야기입니다.

갑자기 행복해집니다. 하나님께 따질 수 있는 상황 때문입니다. 욥이
아름다워 보이기 때문입니다. 눈물 속에 핀 꽃을 보는 느낌 때문입니다.

'우리의 가난과 고통이 반드시 죄의 결론이 아니라는 사실이 새삼스
럽게 즐거워집니다. 그렇지 않습니까?'

* Meditatio 묵상
오늘 말씀을 통하여 깨닫게 된 것을 짧게 적어보십시오.

- -

- -

제 8 부

하나님의 설득 : 시시콜콜하신 하나님

시시콜콜하신 하나님

* Lexio 읽기 / 욥기 37:21-38:2
가능하면 오늘의 본문을 먼저 읽는 것이 좋지만 바로 아래 글을 읽어도 좋습니다. 충분히 본문을 이해하도록 배려하며 글을 썼습니다. 혹시 본문을 읽으신 분은 감동이 오는 말씀이나 단어 혹은 느낌을 간단히 적으시면 좋습니다.

> " '제 말을 들으십시오' 하고 말한다고 하여 하나님께서 정녕 당신
> 의 말을 들으셔야 한단 말이오?... 인간이 어찌 그를 두려워하지
> 않을 수 있겠소? 스스로 지혜로운 체하는 자를 안중에도 두지 않
> 으시는 그분을."(공동번역/욥37:20,24)

엘리후가 하나님의 놀라우신 일들을 열거한 후 다시 욥을 강력하게 공격하는 순간에 하나님이 엘리후의 말을 끊으시면서 이 대화 속으로 들어오셨습니다.

> "그 때에 여호와께서 폭풍우 가운데에서 욥에게 말씀하여 이르시
> 되 무지한 말로 생각을 어둡게 하는 자가 누구냐"(욥38:1-2)

여기서 하나님이 지칭하신 "무지한 말로 생각을 어둡게 하는 자"가 누구인지에 대한 해석은 둘로 나눠지는데 욥을 지칭한다는 의견과 엘리후를 가리킨다는 의견입니다.

물론 1절에 하나님께서 "욥에게 말씀하여"라는 기술 때문에 욥에게한 이야기라고 쉽게 생각할 수 있지만 학자들 간에도 의견이 분분한 이유는 34장부터 37장까지 매우 많은 분량의 발언을 엘리후만 하였기 때문입니다. 그래서 하나님이 맞받아치는 발언의 대상이 엘리후인 것이자연스러워 보이기 때문입니다.

　　논리적인 흐름도 그렇습니다. 하나님이 하신 "무지한 말로"라는 표현을 히브리어 성경에서 직역하면 '지식 없이'가 됩니다. 그러니까 그동안 계속 이야기해 온 엘리후의 주장의 근거인 지식이 부족한 것이 사실이기 때문입니다. 우선 그는 이 고난의 실제 스토리를 정확히 알지 못했습니다. 엘리후 역시 인과론에 근거하여 유추하여 판단하고 해석하고 정죄하였기 때문입니다.

　　이제부터 하나님은 욥에게만 말씀하십니다. 욥이 계속 주장해왔던것처럼 세 친구나 엘리후를 동조한 것이 아니라 욥을 설득하는 이야기를 시작하십니다. 하나님은 욥을 세 친구나 엘리후처럼 능멸하지 않습니다. 그것은 하나님이 사람에게 시시콜콜하게 대답할 이유가 없다고얘기하던 세 친구와 엘리후에 대한 하나님의 대답이었습니다. 하나님은 시시콜콜하게 말씀하고 계셨습니다.

　　'시시콜콜하신 하나님의 모습이 좋지 않습니까?'

* Meditatio 묵상
오늘 말씀을 통하여 깨닫게 된 것을 짧게 적어보십시오.

대장부처럼 서야한다

* Lexio 읽기 / 욥기 38:3-38

가능하면 오늘의 본문을 먼저 읽는 것이 좋지만 바로 아래 글을 읽어도 좋습니다. 충분히 본
문을 이해하도록 배려하며 글을 썼습니다. 혹시 본문을 읽으신 분은 감동이 오는 말씀이나
단어 혹은 느낌을 간단히 적으시면 좋습니다.

"그 때에 여호와께서 폭풍우 가운데에서 욥에게 말씀하여 이르시
되 무지한 말로 생각을 어둡게 하는 자가 누구냐"(욥38:1-2)

하나님이 세 친구들을 포함하여 엘리후에게 해당되는 이 말을 한 후
곧바로 욥과 대화를 시작하셨습니다. 하나님의 관심은 욥에게 있었기
때문입니다. 그 말씀의 시작이 아름답습니다.

"너는 대장부처럼 허리를 묶고 내가 네게 묻는 것을 대답할지니
라"(욥38:3)

"대장부처럼" 하나님이 욥을 부르시는 표현입니다. 세 친구와 엘리
후가 얘기했던 비참한 벌레 같은 존재가 아니라 "대장부"라고 하나님
이 욥을 부르셨습니다. 이어 하나님이 놀라운 말씀을 하기 시작하십니
다. 그 시작이 기막힙니다.

"내가 땅의 기초를 놓을 때에 네가 어디 있었느냐 네가 깨달아 알
았거든 말할지니라"(욥38:4)

하나님의 말씀은 이런 식입니다. 끝까지 하나님이 하신 일을 나열하십니다.

"누가 이 땅을 설계했느냐? 그 누가 줄을 치고 금을 그었느냐?
어디에 땅을 받치는 기둥이 박혀 있느냐? 그 누가 세상의 주춧돌
을 놓았느냐?"(공동번역/욥38:5-6)

어떻게 들리십니까? 엘리후의 방식처럼 보잘 것 없고 아무 것도 아닌 욥의 존재를 부각시키기 위한 것으로 여겨지십니까?

"대장부처럼"이 열쇠입니다. 하나님은 지금 욥에게 욥이 어떤 존재인지를 말하고 계신 것입니다. 사실 하나님이 욥에게 나타나는 순간 세 친구와 엘리후가 욥을 가볍게 여기는 것은 끝났습니다. 하나님이 욥을 소중하게 여긴다는 것이 하나님의 현현으로 증명되었기 때문입니다. 그러므로 지금 말하고 있는 하나님의 말씀은 '나는 전능한 하나님이지만 너는 나의 사람이다'라는 것을 강조하는 것입니다. 욥이 옳다는 것을 증명한 것입니다.

'대장부처럼 살아야 합니다. 우리는 하나님의 자녀이기 때문입니다. 아시겠습니까?'

* Meditatio 묵상
오늘 말씀을 통하여 깨닫게 된 것을 짧게 적어보십시오.

신비(神秘)

* Lexio 읽기 / 욥기 38:39~39:30
가능하면 오늘의 본문을 먼저 읽는 것이 좋지만 바로 아래 글을 읽어도 좋습니다. 충분히 본문을 이해하도록 배려하며 글을 썼습니다. 혹시 본문을 읽으신 분은 감동이 오는 말씀이나 단어 혹은 느낌을 간단히 적으시면 좋습니다.

> "내가 땅의 기초를 놓을 때에 네가 어디 있었느냐? 네가 깨달아
> 알았거든 말할지니라"(욥38:4)

하나님이 욥에게 하시는 이 말씀은 세 친구와 엘리후처럼 욥을 비난하고, 욥을 능멸하기 위한 것이 아닙니다. 물론 하나님과 욥이 엄격한 차이가 있다는 것을 강조하기 위한 것으로 볼 수도 있지만, 하나님이 나타나신 것은 욥을 비난하기 위함이 아님을 잊지 말아야 합니다.

하나님의 모든 말씀이 끝난 후에 하나님은 욥에게 매우 중요한 말씀을 하십니다. 그것은 친구들을 향하여 진노하시면서 욥이 옳다고 인정한 것입니다.

> "내가 너와 네 두 친구에게 노하나니 이는 너희가 나를 가리켜 말
> 한 것이 내 종 욥의 말 같이 옳지 못함이니라"(욥42:7)

이어 하나님은 세 친구들이 잘못했음을 지적하시면서 속죄의 번제를 드릴 것을 요청하셨습니다. 그것도 욥이 그 제사를 집례할 것을 지정하

셨습니다.

> "그런즉 너희는 수소 일곱과 숫양 일곱을 가지고 내 종 욥에게 가
> 서 너희를 위하여 번제를 드리라 내 종 욥이 너희를 위하여 기도
> 할 것인즉 내가 그를 기쁘게 받으리니 너희가 우매한 만큼 너희
> 에게 갚지 아니하리라"(욥42:8)

이 같은 기록을 볼 때 하나님이 말씀하시는 것의 요점은 욥이 보잘
것 없는 것이 아니라 이토록 위대하고 놀라운 존재이신 하나님이 욥의
하나님이라는 것을 말하고 있는 것입니다.

> "너는 대장부처럼 허리를 묶고 내가 네게 묻는 것을 대답할지니
> 라"(욥38:3)

두려워하지 말라는 말입니다. 당당하게 걸어가라는 말입니다. 하나
님의 장황한 기록들 속에 있는 하나님의 마음입니다. 마치 다윗이 시
편 8편에서 하늘에 가득한 달과 별을 보며 하나님과 비교하여 질적인
초라함을 느낀 것보다 하나님의 사랑과 배려를 느낀 것처럼 말입니다.

'하나님은 우리와 다른 질적 차이가 있으시지만 우리를 사랑하십니
다. 그것이 신비로움입니다. 기억하십시오.'

* Meditatio 묵상
오늘 말씀을 통하여 깨닫게 된 것을 짧게 적어보십시오.

하나님의 연민

* Lexio 읽기 / 욥기 40:1-14
가능하면 오늘의 본문을 먼저 읽는 것이 좋지만 바로 아래 글을 읽어도 좋습니다. 충분히 본문을 이해하도록 배려하며 글을 썼습니다. 혹시 본문을 읽으신 분은 감동이 오는 말씀이나 단어 혹은 느낌을 간단히 적으시면 좋습니다.

"너는 대장부처럼 허리를 묶고 내가 네게 묻는 것을 대답할지니
라"(욥38:3)

이미 욥은 하나님의 마음을 알았을 것입니다. 거들떠보지도 않을 것이라는 친구들의 말과 달리 하나님은 욥에게 수다를 떨고 계셨기 때문입니다. 드디어 하나님이 다른 어조로 말씀하셨습니다.

"여호와께서 또 욥에게 일러 말씀하시되 트집 잡는 자가 전능자
와 다투겠느냐 하나님을 탓하는 자는 대답할지니라"(욥40:1-2)

욥은 할 말이 없었습니다. 자신의 입이 얼마나 가벼웠는지를 깨닫습니다. 행복한 깨달음이었습니다.

"욥이 야훼께 대답하였다. 아, 제 입이 너무 가벼웠습니다. 무슨
할 말이 더 있겠사옵니까? 손으로 입을 막을 도리밖에 없사옵니
다."(공동번역/욥40:3-4)

이제야 하나님이 큰소리치기 시작하십니다. 욥이 당신의 진심을 이해했다는 것을 알았기 때문입니다. 약간은 투정 섞인 하나님의 말씀처럼 느껴질 만큼 말입니다.

"대장부답게 허리를 묶고 나서라. 나 이제 물을 터이니, 알거든 대답하여라. 네가 나의 판결을 뒤엎을 셈이냐? 너의 무죄함을 내세워 나를 죄인으로 몰 작정이냐?"(공동번역/욥40:7-8)

이어 하나님은 그 의로움으로 한번 힘을 써보지 그랬냐는 투의 말씀을 하십니다. 하나님은 욥을 이해하고 계셨던 것입니다.

"그렇다면 권세와 위엄으로 단장하고 권위와 영화를 걸치고 너의 분노를 폭발시켜 보아라. 건방진 자가 보이거든 짓뭉개 주어라. 거드럭거리는 자가 보이거든 꺾어버려라. 불의한 자는 짓밟아버려라... 그렇게 할 수 있다면 내가 알아주리라. 네가 자신의 힘으로 헤어날 수 있으리라고"(공동번역/욥40:10-12,14)

'하나님의 말씀 속에는 욥에 대한 연민이 있음을 알 수 있습니다. 세 친구가 틀린 것입니다. 욥은 얼마나 행복했겠습니까? 하나님이 알아주셨으니 말입니다.'

* Meditatio 묵상
오늘 말씀을 통하여 깨닫게 된 것을 짧게 적어보십시오.

이해할 수 없지만

* Lexio 읽기 / 욥기 40:15–41:34

가능하면 오늘의 본문을 먼저 읽는 것이 좋지만 바로 아래 글을 읽어도 좋습니다. 충분히 본문을 이해하도록 배려하며 글을 썼습니다. 혹시 본문을 읽으신 분은 감동이 오는 말씀이나 단어 혹은 느낌을 간단히 적으시면 좋습니다.

> "네가 나의 판결을 뒤엎을 셈이냐? 너의 무죄함을 내세워 나를
>
> 죄인으로 몰 작정이냐?"(공동번역/욥40:8)

하나님의 연민 앞에 욥이 따질 리도 없습니다. 하나님의 마음을 분명히 알았을 것이기 때문입니다. 하지만 다 끝난 것은 아니었습니다. 하나님의 진심은 알았지만 욥이 자신의 고난 이유를 이해한 것은 아니었기 때문입니다. 그런 욥에게 하나님이 말씀하시기 시작했습니다.

그때 하나님이 꺼내신 이야기는 도무지 알 수 없는 괴물에 대한 이야기였습니다. 40장 15절의 베헤못과 41장 1절부터 나오는 리워야단에 대한 설명이었습니다.

> "이제 소 같이 풀을 먹는 베헤못을 볼지어다 내가 너를 지은 것 같
>
> 이 그것도 지었느니라… 네가 낚시로 리워야단을 끌어낼 수 있겠
>
> 느냐 노끈으로 그 혀를 맬 수 있겠느냐 너는 밧줄로 그 코를 꿸
>
> 수 있겠느냐 갈고리로 그 아가미를 꿸 수 있겠느냐"(욥40:15,41:1-2)

도무지 알 수 없는 괴물에 대한 설명이었습니다. 이미 하나님이 하시는 말씀은 욥의 지식을 넘어서는 것이었습니다. 지금 말씀하시는 하나님의 설명에 우리 역시 이해할 수 없는 것처럼 말입니다.

하나님이 하고 싶은 말씀은 '이해할 수 없을 것이다', 즉 세상에는 이해할 수 없는 일이 많고, 논리적이지 않은 것이 많다는 말씀이었습니다. 그러니까 이해할 수 없기 때문에 문제가 있는 것이 아닙니다. 더욱 이 신앙은 이해의 문제가 아닐 수밖에 없습니다. 하나님은 이해 밖의 존재이시고 이해할 수 없는 것이 당연하기 때문입니다.

"처녀가 잉태하여 아들을 낳다."(마1:23) 이것이 기독교의 시작입니다. 아무도 이해할 없는 설명입니다. 이 이해할 수 없는 것을 받아들이는 것이 신앙의 시작이 됩니다.

욥의 친구들이 오해한 부분입니다. 그 오해가 욥의 고난을 잘못 해석한 것입니다. 욥은 이 같은 하나님의 말씀을 들으면서 고개를 끄덕입니다. 이해할 수 없지만 하나님을 믿고 받아들인 것입니다.

'이해할 수 없지만 받아들이고 믿는 것이 신앙입니다. 그렇지 않습니까?'

* Meditatio 묵상
오늘 말씀을 통하여 깨닫게 된 것을 짧게 적어보십시오.

제 9 부

결론 : 아픈 것과 행복한 것의 동행

하나님의 마음을 보다

* Lexio 읽기 / 욥기 42:1-6

가능하면 오늘의 본문을 먼저 읽는 것이 좋지만 바로 아래 글을 읽어도 좋습니다. 충분히 본
문을 이해하도록 배려하며 글을 썼습니다. 혹시 본문을 읽으신 분은 감동이 오는 말씀이나
단어 혹은 느낌을 간단히 적으시면 좋습니다.

> "그가 어디 계신지 알기만 하면, 당장에 찾아가서 나의 정당함을
> 진술하겠네... 그가 무슨 말로 답변하실지를 꼭 알아야겠기에 그
> 하시는 말을 하나도 놓치지 않고 들어야겠네. 그가 온 힘을 기울
> 여 나를 논박하실까? 아니, 나의 말을 듣기만 하시겠지. 그러면
> 나의 옳았음을 아시게 될 것이고 나는 나대로 승소할 수 있을 것
> 일세."(공동번역/욥23:3-7)

이것이 욥의 계획이었습니다. 욥은 하나님과 직접 만나 따지려하였
습니다. '왜 그러셨는지' 하소연하고 싶었습니다. 정말로 사랑하는 하
나님에게 투정이라도 부리고 싶었습니다. 그런데 그것이 아니었습니
다. 우리가 읽은 대로 하나님이 말씀을 꺼내셨기 때문입니다. 욥은 말
할 기회를 얻지 못하였습니다. 일방적이었습니다. 하긴 "폭풍우 가운
데에서"(욥38:1) 나타나 하신 첫 마디에 욥은 말할 수가 없었다고 해야 옳
습니다.

"내가 땅의 기초를 놓을 때에 네가 어디 있었느냐"(욥38:4)

그리고 하나님만 말씀하셨습니다. 38장부터 41장까지 꽤 긴 말씀이었습니다. 하나님만 하시는 말씀을 들으면서 욥은 아예 말을 멈추기로 결정합니다.

"아, 제 입이 너무 가벼웠습니다. 무슨 할 말이 더 있겠사옵니까? 손으로 입을 막을 도리밖에 없사옵니다. 한번 말씀드린 것도 무엄한 일이었는데 또 무슨 대답을 하겠습니까? 두번 다시 말씀드리지 않겠사옵니다."(공동번역/욥40:4-5)

하나님의 마음을 안 것입니다. 하나님의 장황한 말씀 가운데서 하나님을 안 것입니다. 자신을 향한 하나님의 애틋함과 사랑을 안 것입니다. 그동안 들었던 '풍문'이 얼마나 잘못되었던 것인지를 안 것입니다. 욥의 행복이었습니다.

"내가 주께 대하여 귀로 듣기만 하였사오나 이제는 눈으로 주를 뵈옵나이다 그러므로 내가 스스로 거두어들이고 티끌과 재 가운데에서 회개하나이다"(욥42:5-6)

'수다를 떨듯이 말씀하시는 하나님을 보면서 어떤 마음이 드셨습니까?'

* Meditatio 묵상
오늘 말씀을 통하여 깨닫게 된 것을 짧게 적어보십시오.

욥이 깨닫다

* Lexio 읽기 / 욥기 42:1-6

가능하면 오늘의 본문을 먼저 읽는 것이 좋지만 바로 아래 글을 읽어도 좋습니다. 충분히 본문을 이해하도록 배려하며 글을 썼습니다. 혹시 본문을 읽으신 분은 감동이 오는 말씀이나 단어 혹은 느낌을 간단히 적으시면 좋습니다.

> "그러므로 내가 스스로 거두어들이고 티끌과 재 가운데에서 회개
> 하나이다"(욥42:6)

하나님의 긴 얘기(욥38-41장)를 들으면서 욥이 깨달은 것은 하나님의 마음이었습니다. 이 세상을 창조하신 이야기의 광대함과 강력함 그리고 이어진 리워야단 이야기의 비밀스러움과 세심한 배려를 들으면서 욥은 감동한 것입니다. 그것이 "티끌과 재 가운데에서 회개"하도록 이끈 것입니다. 그렇다면 하나님의 긴 얘기를 통하여 구체적으로 욥이 깨달은 것은 무엇이었겠습니까? 그것의 실마리를 하나님의 말씀에 대한 욥의 첫 마디에서 찾을 수 있습니다.

> "주께서는 못 하실 일이 없사오며 무슨 계획이든지 못 이루실 것
> 이 없는 줄 아오니 무지한 말로 이치를 가리는 자가 누구니이까
> 나는 깨닫지도 못한 일을 말하였고 스스로 알 수도 없고 헤아리
> 기도 어려운 일을 말하였나이다"(욥42:2-3)

공동번역은 이렇게 번역하였습니다. "알았습니다. 당신께서는 못하실 일이 없으십니다." 더 편한 언어로 다시 번역하면 이렇게 할 수 있

습니다.

"아, 맞습니다. 주님께서는 못하실 일이 없으십니다."

하나님의 긴 말씀을 들으면서 이것을 깨달은 것입니다. "하나님은 못하실 일이 없다"는 것이었습니다. 새삼스럽게도 말입니다. 그 순간 욥은 하나님이 자신을 이 같은 고통에 두지 않을 수도 있지만 그 고통 가운데 두신 이유를 생각하게 된 것입니다. 더불어 하나님의 아픔도 느꼈을 것입니다. 그 순간 자신이 얼마나 가볍고 무지한 존재인지를 안 것입니다. 회개의 이유였습니다. 그리고 하나님이 얼마나 자신을 끔찍하게 신뢰하고 있는지도 안 것입니다. 모든 것을 할 수 있으면서도 하지 않으신 하나님 앞에서 말입니다. '하나님의 신뢰' 말입니다. 하나님의 이 말씀을 기억하십니까? 자랑스럽게 사탄에게 말하던 하나님의 자랑스러움 말입니다. 그것을 욥이 깨달은 것입니다.

"여호와께서 사탄에게 이르시되 네가 내 종 욥을 주의하여 보았
느냐 그와 같이 온전하고 정직하여 하나님을 경외하며 악에서 떠
난 자는 세상에 없느니라"(욥1:8)

'내 종 욥, 하나님은 욥이 자랑스러웠습니다. 그렇다면 나는 어떤 존재라고 생각하십니까? 하나님에게!'

* Meditatio 묵상
오늘 말씀을 통하여 깨닫게 된 것을 짧게 적어보십시오.

끝

가능하면 오늘의 본문을 먼저 읽는 것이 좋지만 바로 아래 글을 읽어도 좋습니다. 충분히 본문을 이해하도록 배려하며 글을 썼습니다. 혹시 본문을 읽으신 분은 감동이 오는 말씀이나 단어 혹은 느낌을 간단히 적으시면 좋습니다.

- -

- -

"내가 주께 대하여 귀로 듣기만 하였사오나 이제는 눈으로 주를

뵈옵나이다 그러므로 내가 스스로 거두어들이고 티끌과 재 가운

데에서 회개하나이다"(욥42:5-6)

하나님은 욥이 옳았다는 것은 증명하기 시작하였습니다. 엘리바스와 친구들이 잘못했다는 것을 지적하셨고 욥이 주도하는 그들의 죄를 위한 번제를 드릴 것을 요청하셨습니다. 욥이 용서해야 용서하겠다는 말이었습니다. 그 같은 조치에 욥은 기꺼이 그들을 용서하였습니다. 욥은 그런 존재였습니다.

"이에 데만 사람 엘리바스와 수아 사람 빌닷과 나아마 사람 소발

이 가서 여호와께서 자기들에게 명령하신 대로 행하니라 여호와

께서 욥을 기쁘게 받으셨더라"(욥42:9)

욥은 모든 가족들로부터 다시 존경과 신뢰를 받게 됩니다. 다시 행복한 삶으로 돌아온 것입니다. 그때 가족과 친구들이 한 결 같이 욥을 위로하며 이렇게 말하였습니다.

"그 동안 야훼께서 욥에게 내린 재난이 얼마나 괴로웠느냐"

(공동번역/욥42:11)

공개적으로 욥이 당한 고난이 하나님이 하신 것이었다고 말할 수 있었습니다. 욥의 의로움을 증명하는 것이었습니다. 뿐만 아니라 하나님은 욥이 의롭다는 것을 세상적인 것으로도 확인해주셨습니다.

"여호와께서 욥의 말년에 욥에게 처음보다 더 복을 주시니 그가
양 만 사천과 낙타 육천과 소 천 겨리와 암나귀 천을 두었고 또
아들 일곱과 딸 셋을 두었으며"(욥42:12-13)

이 같이 눈에 보이는 부요함과 회복은 세상 모든 사람들로부터 욥을 다시 존경하게 만들었을 것입니다. 눈에 보이는 모든 것의 회복이었습니다. 그리고 욥에게는 장수의 축복을 주셨습니다.

"그 후에 욥이 백사십 년을 살며 아들과 손자 사 대를 보았고 욥
이 늙어 나이가 차서 죽었더라"(욥42:16-17)

'모든 것이 회복되다. 그런데 무엇인가 아쉽습니다. 그것이 무엇입니까?'

* Meditatio 묵상
오늘 말씀을 통하여 깨닫게 된 것을 짧게 적어보십시오.

아픈 것과 행복한 것의 동행

* Lexio 읽기 / 욥기 42:7-17

가능하면 오늘의 본문을 먼저 읽는 것이 좋지만 바로 아래 글을 읽어도 좋습니다. 충분히 본문을 이해하도록 배려하며 글을 썼습니다. 혹시 본문을 읽으신 분은 감동이 오는 말씀이나 단어 혹은 느낌을 간단히 적으시면 좋습니다.

- -

- -

> "그 후에 욥이 백사십 년을 살며 아들과 손자 사 대를 보았고 욥
>
> 이 늙어 나이가 차서 죽었더라"(욥42:16-17)

모든 것들이 회복되었고 매우 상투적인 스토리로 이야기가 마무리 됩니다. 그런데 무엇인가 아쉬운 것이 있습니다. 분명히 성경은 욥에게 처음보다 더 많이 복을 주셨다고 말하지만 말입니다.

> "여호와께서 욥의 말년에 욥에게 처음보다 더 복을 주시니 그가
>
> 양 만 사천과 낙타 육천과 소 천 겨리와 암나귀 천을 두었고 또
>
> 아들 일곱과 딸 셋을 두었으며"(욥42:12-13)

사실 욥에게 주어진 재산의 증식이나 그런 류의 복에 욥이 기뻐 할 리는 없습니다. 알다시피 그가 사랑하던 자녀들, "아들 일곱과 딸 셋"(욥1:2)을 잃었습니다. 그런 까닭에 그 같이 많은 보화가 그를 만족시킬 수는 없었을 것입니다. 언제나 그의 마음에 떠오르는 것은 열 남매에 대한 그리움이었을 것입니다.

그나마 '처음보다 더 복을 주셨다'는 의미가 자녀들에게는 해당되지 않아서 다행입니다. 만일 열 남매의 두 배인 20명의 자녀를 주신다는 기록이었다면 끔찍한 이야기였을 것입니다. 그런데 하나님이 허락하신 것은 역시 열 남매였기 때문입니다.

분명히 처음 주셨던 자녀들과 비교할 수 없겠지만 열 남매는 처음 주셨던 아이들과 비슷했을지도 모릅니다. 마음이 아프지만 열 남매를 낳으면서 욥은 다시 웃음을 되찾았을 것입니다. 여전히 아프지만 말입니다.

"또 아들 일곱과 딸 셋을 두었으며"(욥42:13)

이 기록 속에 하나님의 고민과 아픔이 역력히 보입니다. 그리고 1장에서는 언급되지 않았던 딸들에 대한 묘사가 욥의 소박한 행복으로 보여 집니다. 아픈 것과 행복한 것의 동행 같은 것이었을 것입니다.

사실 어떤 것으로도 욥을 위로할 수 없습니다. 그런 의미에서 욥기는 고난, 그리움 그리고 하나님의 아픔이 욥의 고난과 함께 깊이 배어있는 책이라 할 수 있을 것입니다.

'욥기를 읽고 난 후의 느낀 점을 적어보시겠습니까?'

* Meditatio 묵상
오늘 말씀을 통하여 깨닫게 된 것을 짧게 적어보십시오.

욥기 이야기

아픈 것과 행복한 것의 동행

욥은 착하고 의로운 사람이었습니다. 그의 삶은 정직하였고 가난한 자를 돌보고 불의한 자를 용서하지 않는 사람이었습니다. 동시에 예배 자로서 하나님의 마음에 맞게 행동하는 신앙인이었습니다.

그런 그에게 고난이 다가온 것입니다. 주변의 사람들은 몰랐지만 이유 없는 고난이었습니다. 하나님이 사탄에게 허락한 고난이었습니다. 사실 하나님에게는 위험한 일이었습니다. 원래 하나님은 이런 식으로 일하시지 않기 때문입니다. 더욱이 악을 도구로 사용하시지 않기 때문입니다.

> "사람이 시험을 받을 때에 내가 하나님께 시험을 받는다 하지 말
> 지니 하나님은 악에게 시험을 받지도 아니하시고 친히 아무도 시
> 험하지 아니하시느니라"(약1:13)

그러므로 욥의 경우 하나님의 시험은 매우 예외적인 것이었습니다. 그런 까닭에 하나님에게는 매우 힘든 일이었을 것입니다. 더욱이 욥에

게 귀띔해서도 안 되기 때문에 정말 괴로운 일이었을 것입니다. 뿐만
아니라 이 시험은 매우 위험하고 힘든 시험이었기 때문에 하나님은 완
전한 자를 찾아야 했습니다. 그 사람이 욥이었습니다.

드디어 시험이 시작되었습니다. 고난의 연속이었습니다. 욥은 목숨
을 제외한 모든 것을 빼앗겼습니다. 이 모든 것이 진행되면서 욥은 절
망하였습니다. 급기야 그는 자신의 생일을 저주하기 시작하였습니다.

> "나의 모태가 그 문을 닫지 않아 내 눈이 마침내 고난을 보게 되
> 었구나. 내가 어찌하여 모태에서 죽지 아니하였으며 나오면서 숨
> 지지 아니하였는가?"(공동번역/욥3:10-11)

욥은 너무 억울하였던 것입니다. 더욱이 욥을 잘 아는 친구들조차 일
반적으로 적용하는 세상의 인과론으로 욥을 몰아붙였습니다. 그것이
욥기의 상당부분을 할애하는 내용입니다. 하지만 욥은 절대로 자신의
잘못을 인정하지 않았습니다.

> "내가 죄없다는 주장을 굽힐 성싶은가? 이 날 이 때까지 마음에
> 꺼림칙한 날은 하루도 없었네"(공동번역/욥27:6)

이 같은 상황에서 욥은 반드시 하나님에게 따지고 싶었습니다. 결국
욥이 하나님에게 고소장을 써서 제출합니다.

> "누구든지 나의 변명을 들어다오 나의 서명이 여기 있으니 전능
> 자가 내게 대답하시기를 바라노라"(욥31:35)

알다시피 욥은 정당하였습니다. 그것은 하나님이 보증한 것입니다. 사람들이 욥을 그렇게 평가한 것이 아니었습니다.

> "여호와께서 사탄에게 이르시되 네가 내 종 욥을 주의하여 보았
> 느냐 그와 같이 온전하고 정직하여 하나님을 경외하며 악에서 떠
> 난 자는 세상에 없느니라"(욥1:8)

그런 까닭에 하나님이 욥의 정당함을 말씀하시면 끝날 문제였지만 하나님은 욥의 정당성을 말해주지 않았습니다.

하나님의 시험, 그 이유

그렇다면 왜 하나님이 이렇게 하신 것입니까? 의도가 있다는 뜻입니다. 여기서 사탄의 질문을 유심히 살필 필요가 있습니다.

> "욥이 어찌 까닭 없이 하나님을 경외하리이까"(욥1:9)

사탄의 무기는 인과론이었습니다. 세상에서 사람들이 하나님을 믿는 이유가 축복이나 성공의 보증으로써 하나님을 믿는다고 사탄이 주장한 것입니다. 그런데 하나님의 대답은 '아니다'였습니다. 그리고 그 증거로 욥을 들이댄 것입니다. 그렇지 않은 사람이 있다는 말이었습니다.

그런 까닭에 이 시험은 하나님에게는 위험한 것이었습니다. 욥이 의롭기 때문입니다. 더욱이 욥이 의롭다는 것이 분명해질수록 하나님이 잘못했다는 결론에 이르게 되기 때문입니다. 실제로 욥기 40장, 하나님

186

이 등장하여 욥에게 자신의 시험에 대한 변명을 하실 때 하나님은 곤혹스러워 하셨습니다.

> "네가 나의 판결을 뒤엎을 셈이냐? 너의 무죄함을 내세워 나를
> 죄인으로 몰 작정이냐?"(공동번역/욥40:8)

이 말씀에서도 알 수 있듯이 욥은 무죄였습니다. 뿐만 아니라 모든 대화가 다 종료된 후에 하나님이 엘리바스와 친구들에게 진노하시는 장면을 보더라도 욥의 의로움은 충분히 입증됩니다.

그렇다면 이처럼 하나님의 거룩하심에 손상을 입힐 뻔한 이 기막힌 시험을 허락하신 이유는 무엇입니까? 답부터 말하면 '사람이 아름답다'는 메시지를 전하기 위함입니다.

친구들이 한 이야기들을 기억하십니까? 그들은 사람들의 고난과 아픔, 가난함과 장애는 모두 그 사람의 잘못으로 인한 결과라고 몰아붙였습니다. 이 같은 인식은 사람이 아름다운 존재가 아니라 하나님이 보실 때 보잘 것 없는 벌레나 구더기 같은 존재라는 생각에서 비롯되었습니다. 그것이 세 친구의 논리였습니다.

> "보라 그의 눈에는 달이라도 빛을 발하지 못하고 별도 빛나지 못
> 하거든 하물며 구더기 같은 사람, 벌레 같은 인생이랴"(욥25:5-6)

그런데 하나님께서 욥에게 극한의 고통을 주시고, 심지어 하나님 스스로 '죄인(?)'이라는 오명을 받으면서까지 욥의 까닭 없는 고난을 통하여 말씀하시고자 한 것은 '사람이 아름답다'는 것이었습니다.

그런 까닭에 욥이 고통 당한 것이 우리에게는 너무나 큰 위로가 됩니다. 고통과 고난이 하나님의 저주이거나 징계가 아니라는 사실 때문입니다. 가난은 죄가 아니며, 고난 받는 것은 하나님의 형벌도 아니기 때문입니다. 더욱이 학력이 낮고 볼품없는 직장과 수입이 시원찮은 것, 심지어 난치병에 걸리거나 장애를 갖고 있는 것이 하나님의 징벌이 아니기 때문입니다.

그동안 이 엉뚱한 이해 때문에 가난과 장애를 가진 자들은 자신을 부끄러워하고 비참하게 살아야 했습니다. 더욱이 우리는 한동안 우리의 비참한 전쟁과 침략의 역사를 두고 죄인처럼 서 있었습니다. 우리가 침략과 전쟁의 수모를 당한 것은 하나님이 우리의 죄에 대한 징벌이라고 해석했기 때문입니다.

그런데 아닙니다. 하나님은 욥의 고난을 통하여 그것을 말씀하고 계신 것입니다. 하나님의 마음 말입니다.

'얘들아, 그게 아니다. 그게 아니다.
너희들은 내게 아름답다!
너희들은 내게 아름답다!'

사람은 아름답다

하나님이 보시기에 우리가 아름다운 것입니다. 우리가 무엇을 하지 않아도 우리가 아름다운 것입니다. 여기서 욥의 아름다움을 좀 더 살펴보겠습니다.

"욥이 어찌 까닭 없이 하나님을 경외하리이까"(욥1:9)

사탄의 이 질문은 매우 중요합니다. 이 질문 속에서 욥의 아름다움의 비밀을 찾을 수 있기 때문입니다. 드디어 이 기막힌 고난을 지나면서 점점 욥의 진정성은 뚜렷해졌습니다. 욥은 복을 받기 위해 착한 일을 한 것이 아니었습니다. 사탄이 지적한 것처럼 "까닭"이 하나님을 믿는 이유가 아니었습니다.

이런 이유 때문에 욥은 자신의 고난을 이해할 수 없었습니다. 엘리바스와 친구들이 얘기하는 인과론을 받아들일 수가 없었습니다. 욥이 강력하게 하나님을 만나고 싶어한 이유이기도 했습니다.

> "오늘 또 이 억울한 마음 털어놓지 않을 수 없고 그의 육중한 손에 눌려 신음소리조차 내지 못하겠구나. 그가 어디 계신지 알기만 하면, 당장에 찾아가서 나의 정당함을 진술하겠네. 반증할 말도 궁하지는 않으련만. 그가 무슨 말로 답변하실지를 꼭 알아야겠기에 그 하시는 말을 하나도 놓치지 않고 들어야겠네. 그가 온 힘을 기울여 나를 논박하실까? 아니, 나의 말을 듣기만 하시겠지. 그러면 나의 옳았음을 아시게 될 것이고 나는 나대로 승소할 수 있을 것일세."(공동번역/욥23:2-7)

어떻게 이렇게 주장할 수 있을까 질문할지 모르겠지만 이것이 욥이었습니다. 욥은 까닭 없이 하나님을 믿었던 것입니다. 욥의 믿음은, 믿어서 얻어지는 세상의 복이 아니라 하나님이시기에 그저 하나님을 사랑한 것입니다.

그래서 하나님 입장에서는 큰 일 이었습니다. 무조건 하나님이 지는 상황이었습니다. 물론 욥이 고난 받는 과정에서 했던 불평이나 자신을 저주한 것 등으로 들이밀면 할 말이 없지만 그럴 경우 하나님이 스스로 인과론에 사로잡히게 됩니다. 그 원인은 하나님이 허락한 고난으로 인한 것이기 때문입니다.

우리는 여기서 인간이 무죄할 수 있다는 놀라운 사실에 직면합니다. 어떻게 가능할까 여길지 모르지만 그것의 비밀은 욥기 1장에서 찾을 수 있습니다. 욥이 집에서 생일날 누이 세 명과 함께 온 가족이 잔치를 열었을 때였습니다. 다음 날 아침 욥은 가족 모두를 위한 성결례로 번제를 드립니다.

> "그들이 차례대로 잔치를 끝내면 욥이 그들을 불러다가 성결하
> 게 하되 아침에 일어나서 그들의 명수대로 번제를 드렸으니 이는
> 욥이 말하기를 혹시 내 아들들이 죄를 범하여 마음으로 하나님을
> 욕되게 하였을까 함이라 욥의 행위가 항상 이러하였더라"(욥1:5)

"욥의 행위가 항상 이러하였더라" 욥은 매일 매일 하루를 종결하는 삶을 살았던 것입니다. 늘 죄를 의식하고 매일 매일 그 죄를 회개하고 하나님 앞에 서는 삶을 하루도 놓치지 않았던 것입니다. 이것이 욥의 힘이었지만 우리 역시 이 놀라운 삶을 살 수 있습니다. 예수 그리스도 때문입니다. 우리는 예수 그리스도의 구원사역을 힘입어 하루를 종결하고 새로운 삶을 살 수 있습니다. 매일 새로울 수 있는 것입니다.

하나님의 설득

이 놀라운 이야기를 정리하신 분은 하나님이셨습니다. 먼저 하나님은 욥의 주장이 옳다고 말씀하셨습니다. 그동안 있었던 모든 의심을 종결시키는 말씀이었습니다.

> "네가 나의 판결을 뒤엎을 셈이냐? 너의 무죄함을 내세워 나를
> 죄인으로 몰 작정이냐?"(공동번역/욥40:8)

하나님이 궁지에 몰리신 것처럼 보였습니다. 어쩌면 잔뜩 벼르고 있었던 욥의 공격을 받아야 했습니다. 그런데 욥이 아니라 하나님이 먼저 말을 꺼내셨습니다. 엘리바스나 친구들이 주장한 대로 벌레만도 못하게 하찮은 인간에게 반응을 보일 리가 없다던 하나님이 말씀하시기 시작한 것입니다. 그것도 긴 변명이었습니다.

하나님은 아예 욥이 대답할 수 없을 만큼 일방적으로 대화를 이어가셨습니다. 그 시작부터 심상치 않았습니다. 하나님은 "폭풍우 가운데에서"(욥38:1) 나타나셨기 때문입니다. 이미 기선을 제압하는 출현이었습니다. 욥이 무엇이라 말할 수 있는 상황이 아니었습니다. 그리고 말을 꺼내시는데 그것 역시 기막힌 말씀이었습니다.

> "내가 땅의 기초를 놓을 때에 네가 어디 있었느냐"(욥38:4)

그리고 하나님만 말씀하셨습니다. 38장부터 41장까지 꽤 긴 말씀이었습니다. 하나님만 하시는 말씀을 들으면서 욥은 아예 말을 멈추기로 결정합니다.

"아, 제 입이 너무 가벼웠습니다. 무슨 할 말이 더 있겠사옵니까? 손으로 입을 막을 도리밖에 없사옵니다. 한번 말씀드린 것도 무엄한 일이었는데 또 무슨 대답을 하겠습니까? 두번 다시 말씀드리지 않겠사옵니다."(공동번역/욥40:4-5)

욥은 말을 할 수가 없었습니다. 그리고 여전히 하나님의 말씀은 계속되었습니다. 욥은 쉽게 설득되지 않았던 것 같습니다. 4장 분량의 긴 얘기지만 만일 여전히 욥이 반응하지 않았다면 40장의 분량이라도 말씀하셨을 것입니다. 그러다 드디어 욥이 깨닫습니다. 그 깨달음은 회개로 나타났습니다.

"내가 말하겠사오니 주는 들으시고 내가 주께 묻겠사오니 주여 내게 알게 하옵소서 내가 주께 대하여 귀로 듣기만 하였사오나 이제는 눈으로 주를 뵈옵나이다 그러므로 내가 스스로 거두어들이고 티끌과 재 가운데에서 회개하나이다"(욥42:4-6)

의로운 욥, 그가 회개한 것입니다. 그렇다면 무엇을 회개한 것입니까? 욥이 들었던 것은 하나님이 이 세상을 창조하신 이야기의 광대함과 강력함 그리고 이어진 리워야단 이야기의 비밀스러움과 세심한 배려들이었습니다. 그런데 깨닫고 회개한 것입니다. 그렇다면 하나님의 긴 얘기를 통하여 구체적으로 욥이 깨달은 것은 무엇이었겠습니까? 그것의 실마리를 욥의 첫 마디에서 찾을 수 있습니다.

"주께서는 못 하실 일이 없사오며 무슨 계획이든지 못 이루실 것이 없는 줄 아오니 무지한 말로 이치를 가리는 자가 누구니이까 나는 깨닫지도 못한 일을 말하였고 스스로 알 수도 없고 헤아리

기도 어려운 일을 말하였나이다"(욥42:2-3)

공동번역은 이렇게 번역하였습니다. "알았습니다. 당신께서는 못하실 일이 없으십니다." 더 편한 언어로 다시 번역하면 이렇게 할 수 있습니다.

"아, 맞습니다. 주님께서는 못하실 일이 없으십니다."

하나님의 긴 말씀을 들으면서 이것을 깨달은 것입니다. "하나님은 못하실 일이 없다"는 것이었습니다. 새삼스럽게도 말입니다. 그 순간 욥은 하나님이 자신을 이 같은 고통에 두지 않을 수도 있지만 그 고통 가운데 두신 이유를 생각하게 된 것입니다. 더불어 하나님의 아픔도 느낀 것입니다. 동시에 자신이 얼마나 가볍고 무지한 존재인지를 안 것입니다. 회개의 이유였습니다. 그리고 하나님이 얼마나 자신을 끔찍하게 신뢰하고 있는지도 안 것입니다. 모든 것을 할 수 있으면서도 하지 않으신 하나님 앞에서 말입니다. '하나님의 신뢰' 말입니다.

하나님의 이 말씀을 기억하십니까? 자랑스럽게 사탄에게 말하던 하나님의 자랑스러움 말입니다. 그것을 욥이 깨달은 것입니다.

"여호와께서 사탄에게 이르시되 네가 내 종 욥을 주의하여 보았느냐 그와 같이 온전하고 정직하여 하나님을 경외하며 악에서 떠난 자는 세상에 없느니라"(욥1:8)

아픈 것과 행복한 것의 동행

하나님은 욥이 옳았다는 것을 증명하기 시작하였습니다. 먼저 하나님은 엘리바스와 친구들이 잘못했다는 것을 지적하셨고 욥이 주도하는 그들의 죄를 위한 번제를 드릴 것을 요청하셨습니다. 욥이 용서해야 용서하겠다는 말씀이셨습니다. 그 같은 조치에 욥은 기꺼이 그들을 용서하였습니다. 욥은 그런 존재였습니다.

> "이에 데만 사람 엘리바스와 수아 사람 빌닷과 나아마 사람 소발
> 이 가서 여호와께서 자기들에게 명령하신 대로 행하니라 여호와
> 께서 욥을 기쁘게 받으셨더라"(욥42:9)

욥은 모든 가족들로부터 다시 존경과 신뢰를 받게 되었습니다. 다시 행복한 삶으로 돌아온 것입니다. 그때 가족과 친구들이 한 결 같이 욥을 위로하며 이렇게 말하였습니다.

> "그 동안 야훼께서 욥에게 내린 재난이 얼마나 괴로웠느냐"
>
> (공동번역/욥42:11)

공개적으로 욥이 당한 고난이 하나님이 하신 것이었다고 말할 수 있었습니다. 욥의 의로움을 증명하는 것이었습니다. 뿐만 아니라 하나님은 욥이 의롭다는 것을 두 배를 부요케 하심으로 확인해주셨습니다.

> "여호와께서 욥의 말년에 욥에게 처음보다 더 복을 주시니 그가
> 양 만 사천과 낙타 육천과 소 천 겨리와 암나귀 천을 두었고 또
> 아들 일곱과 딸 셋을 두었으며"(욥42:12-13)

이 같은 눈에 보이는 부요함과 회복은 세상 모든 사람들이 욥을 다시 존경하게 만들었을 것입니다. 눈에 보이는 모든 것의 회복이었습니다. 그리고 욥에게는 장수의 축복을 주시고 말입니다.

> "그 후에 욥이 백사십 년을 살며 아들과 손자 사 대를 보았고 욥이 늙어 나이가 차서 죽었더라"(욥42:16-17)

모든 것들이 회복되었고 매우 상투적인 스토리로 이야기가 마무리됩니다. 그런데 무엇인가 아쉬운 것이 있습니다. 분명히 성경은 욥에게 처음보다 더 많이 복을 주셨다고 말하지만 말입니다.

사실 욥에게 주어진 재산의 증식이나 그런 류의 복에 욥이 기뻐할 리는 없습니다. 알다시피 그는 사랑하던 자녀들, "아들 일곱과 딸 셋"(욥1:2)을 잃었습니다. 그런 까닭에 그 같이 많은 보화가 그를 만족시킬 수는 없었을 것입니다. 언제나 그의 마음에 떠오르는 것은 열 남매에 대한 그리움이었을 것입니다.

그나마 "처음보다 더 복을 주셨다"는 의미가 자녀들에게는 해당되지 않아서 다행입니다. 만일 열 남매의 두 배인 20명의 자녀를 주신다는 기록이었다면 끔찍한 이야기였을 것입니다. 그런데 하나님이 허락하신 것은 역시 열 남매였기 때문입니다.

분명히 처음 주셨던 자녀들과 비교할 수 없겠지만 열 남매는 처음 주셨던 아이들과 비슷했을지도 모릅니다. 마음이 아프지만 열 남매를 나으면서 욥은 다시 웃음을 되찾았을 것입니다. 여전히 아프지만 말입니다.

"또 아들 일곱과 딸 셋을 두었으며"(욥42:13)

이 기록 속에 하나님의 고민과 아픔이 역력히 보입니다. 그리고 1장에서는 언급되지 않았던 딸들에 대한 묘사가 욥의 소박한 행복으로 보여 집니다. 아픈 것과 행복한 것의 동행 같은 것이었습니다. 그렇지 않습니까?